U0782327

格致文库

苍茫的留恋

高恒文 著

山西出版传媒集团
北岳文艺出版社
BEIYUE LITERATURE & ART PUBLISHING HOUSE
·太原·

图书在版编目（CIP）数据

苍茫的留恋 / 高恒文著 . — 太原：北岳文艺出版
社 , 2019.1
　（格致文库）
　ISBN 978-7-5378-5752-9

　Ⅰ . ①苍… Ⅱ . ①高… Ⅲ . ①读书笔记—中国—现代
Ⅳ . ① G792

中国版本图书馆 CIP 数据核字（2018）第 257819 号

书　　　名：苍茫的留恋
著　　　者：高恒文
责任编辑：韩玉峰
书籍设计：鸿儒文轩·书心瞬意

————————

出版发行　山西出版传媒集团·北岳文艺出版社
地　　址　山西省太原市并州南路 57 号
邮　　编　030012
电　　话　0351-5628696（发行部）
　　　　　0351-5628688（总编室）
网　　址　http://www.bywy.com
E－mail　bywycbs@163.com
经 销 商　新华书店
印刷装订　三河市华东印刷有限公司

————————

开　　本　787mm×1092mm　　　1/32
字　　数　110 千字
印　　张　6.375
版　　次　2019 年 1 月第 1 版
印　　次　2019 年 1 月河北第 1 次印刷
书　　号　ISBN 978-7-5378-5752-9
定　　价　45.00 元

目录

关于王国维的两个问题

最近连续读了两本关于王国维的专著，《王国维与罗振玉》（张连科）和《王国维评传》（刘烜）。前者是作者赠送的新著。王、罗学术关系问题，是现代学术上一个持久的话题，对这个问题的研究，实际上就是学术史的个案研究的一种平实而有意义的形式，如果套用时下"流行语"，本书是一部具有"填补学术空白"意义的专著。后者几年前出版时我就读过，以为是我所读过的这个专题的几本同类著作中的优秀作品，材料不仅翔实，而且有新发现的第一手重要材料。

两本专著都专门论述了王国维的学术个性，我以为这是比王国维的学术方法更有意义的问题。大处着眼，王国维的学术个性略而言之，似乎有二：一是"以学术为性命"。其《教育小言》批评当时学术界云，"吾人亦非谓今之学者绝不悦学也，即有悦之者，亦无坚忍之志，永久之注意；若是者，其为口耳之学则可矣。若夫绵密之科学、深邃之哲学、伟大之文学，则固非此等学者所能有事也"。之所以有如此之强调，则在于崇高之使命感，其《沈乙庵先生七十寿序》云："国家与学术为存亡。天而未厌中国也，必不亡其学术；天不欲亡中国之学术，则于学术所寄之人，必因而笃之。世变愈亟，则所以笃之者愈至。"二是"唯真理之从"。其《论近年之学术界》云："学术之发达，存于其独立而已。""独立"二字的意义在于"博稽众说而唯真理之从"（《奏定经学科大学、文学科大学章程书后》），此其一；因为"欲学术之发达，必视学术为目的，而不视为手段"，此其二。

历来讨论王国维学术方法者为多，而论其学术个性者较少。我以为，王国维的这种学术个性较之学术方法，更具有十分重大的学术史意义。对此，我们不妨从几个方面来看。首先，中国固有之学术传统是"经世致用"，学术是"手段"而非"目的"。胡适从乾嘉学术中演绎出"科学方法"，其实这个结论并不可靠，因为乾嘉学术固然有"实事求是"之追求，但其大前提却仍然是为了"宗经""明道"。"科学"的"方法"不仅仅是"方法"，而是有其"科学"之"思想"的。王国维对此"思想"有明确认识，其《沈乙庵先生七十寿序》云："自科学上观之，则事物必尽其真，而道理必求其是。凡吾智不能通，而吾心不能安者，虽圣贤言之，有所不信焉，虽圣贤行之，有所不慊焉。何则？圣贤所以别真伪也，真伪非由圣贤出也，所以明是非也，是非非由圣贤立也。"其次，王国维的时代，"经世致用"正是学术主流，不仅"经学"成为"实学"，连"小说界革命""诗界革命"这样的文学运动，也是为了"启蒙"。王国维因而在《论近年之学术界》有此批评："观近数年之文学，亦不重文学自己之价值，而唯视为政治教育之手段。"第三，现代中国学术的最重要的特征，我以为就是"学术独立"，而这又是与中国现代大学的成立密切相关，应以蔡元培执掌北京大学为开端。但是，王国维在《奏定经学科大学、文学科大学章程书后》一文中有"博稽众说而唯真理之从"之说，这和蔡元培"思想自由""兼容并包"的思想，其实是很相近的。

这样看来，陈寅恪的名言"独立之精神，自由之思想"，实为表彰王国维学术个性之评论，亦为现代学术精神之准则。

王国维与罗振玉之间的三十年至交，因儿女之事而一朝断绝，这一向是引人关注的话题。《王国维评传》和《王国维与罗振玉》均根据前人从未引用过、也未见过的《王国维全集·书信》中王、罗书信的手稿，对事实作了新的叙述。

1926年10月31日，王国维在致罗振玉的信中说，令嫒一再"拒绝"遗款，"此事于情理皆说不去"，并且有这样一段十分动情的议论：

> 若云退让，则正让所不当让。以当受者而不受，又何以处不当受者？是蔑视他人人格也。蔑视他人人格，于自己人格亦复有损。

可见王国维于此事已感到人格的屈辱，虽然信中有"求公再以大义喻之"之语，但他显然是感到这种屈辱是来自罗振玉。果然，罗振玉马上回复了一封异乎寻常的长信，一一辩解，并且以"小女则完全立于无过之地，不仅无过，弟尚嘉其知义守信，合圣人所谓夫妇所能，与尊见恰得其反"作结。然而，罗振玉信中最令王国维伤心的还是这样一段话：

> 弟公交垂三十年，方公在沪上，混豫章于凡材之中，弟独重公才秀，亦曾有一日披荆去棘之劳。此卅年中，大半所至必偕，论学无间，而根本实有不同之点。圣人之道，贵乎中庸，然在圣人已叹为不可能，故非偏于彼，即偏于此。弟为人偏于博爱，近墨；公偏于自爱，近杨。此不能讳者也。

"披荆去棘之劳"，当指知遇之恩，实则有负恩之问，而"近墨""近杨"云云，则伤乎刻薄。王、罗之交，能不中绝？这样我们也就终于明白了，这一事件对王国维的精神打击，不仅仅是"交"之绝，更为严重的却是"人格"的伤害。据说，罗振玉在1929年曾对刘蕙孙回忆此事时说："他（按，王国维）最后觉得对我不起，欲以一死报知己。我也觉得那件事不免粗暴，对他不起。"很显然，"一死报知己"之说为非，"不免粗暴"之说近是；"粗暴"，即"人格"之侮辱。

学者的个性与品格

一、读《黄季刚墓志铭》

谈论黄侃其人其学的文章并不少，印象最深的还是章太炎的那篇《黄季刚墓志铭》，风格正在魏晋之间，十分精彩，可以说是尽传其人。一是气节之刚正："民国四年秋，仪征刘师培以筹安会招学者称说帝制，季刚邪与师培善，阳应之，语及半，即瞋目曰：'如是，请刘先生一身任之！'遽引退，诸学士皆随之退。"世人盛传黄侃拜刘师培为师一事，其实这两件事当合而观之，方见其人之全体。二是学术之谨严："始从余问，后自为家法，然不肯轻著书。余数趣之曰：'人轻著书，妄也；子重著书，吝也。妄不智，吝不仁。'答曰：'年五十当著纸书矣。'"然而，令章太炎痛心不已的是，黄侃恰恰年五十而逝，因而有"岂天不欲存其学耶！"之叹。其实，章太炎何尝不知道著述当谨严，若顾炎武所谓"著书必前之所未尝有，后之所不可无"是也，又若颜之推所谓"观天下书未遍，不得妄下雌黄"是也，但章太炎之所以这样苦心劝说，以致黄侃五十岁时还寄联为寿云"韦编三绝今知命，黄绢初裁好著书"，原因正如章太炎所说："世道衰微，有志者当以积厚流广振起末俗，岂可独善而已。"黄侃当然也知道这种用世之大义，然而他对学风之衰微，更慊慊于怀。日本学者吉川幸次郎回忆说："谈及北京的诸位学者，不时有辛辣的批评——'现在的学者是凌虐古人，欺骗今人。'"这里的"北京的诸位学者"，正是当时章太炎、黄侃均大不以为然的"整理国故""疑古派"学者胡适、顾颉刚诸人。也许正因为这个原因，黄侃才律己甚严吧。

黄侃婉拒章太炎的那句话，也是有来历的。原来黄侃称道清代学者江永时说："年五十后岁为一书，大可效法。"大可玩味的是，于此正可见黄侃对乾嘉学术精神的有意识地继承，而这岂不是现代学术史的一个重要细节么？不当以"名人轶事"而视之。

章太炎的文章中还说："有余财，必以购书，或仓猝不能具书簏，即举置革笥中，或委积几席皆满。"《黄侃诗文钞》中有一首诗，正好印证了章太炎先生的这段文字："稚圭应记为佣日，昭裔难忘发愤时。十载才收三万卷，何年方免借书痴。""十载才收三万卷"——这种学者的豪气，其实并不多见，正可见黄侃的独特性情。

二、重读《积微翁回忆录》

杨树达的小学成就，是得到章太炎、陈寅恪这样的两代学者高度肯定的。其挽章太炎一联云，"精专承谬赞，惟将黾勉答深知"，而陈寅恪1942年致杨的信中则说："当今文字训诂之学，公为第一人，此学术界之公论，非弟阿私之言。"这样的学问，我这样的外行是不能窥知一二的，高山仰止，心仪的只是他作为一个学者的精纯之处，所谓学术人格是也。

抗战期间，杨树达偏居一隅，既忧国忧民，又能做到手不释卷，著述不辍，这正是一个学者的纯正的品格，也是他能成大成就的秘密所在。1938年3月杨日记云，得友人书，知南京图书馆存放在故宫京库的善本书在南京陷落前安全运出，未为寇得，"为之一慰"。这是暂时失守国土事小，而丧失故国文献事大的意思，让人想起章太炎当年《国学讲习会·序》中的名言。又，同年9月得友人书，知"张孟劬养病，足不下楼，不相者已年余；沈兼士于外事一切不问；高阆仙闭门养疾，并授课事亦不肯任"，又是"为之一慰"，为这些滞留在沦陷的北平的友人的"气节"而感到高兴。由此可以看出，无论私谊还是大义，杨树达均有过人之处。陈寅恪视当世学者，持论甚严，学问之外尤重气节，而他之所以直到晚年犹推重杨树达，视为知交，亦因为此。杨是毛泽东的老师，1949年以后被待为上宾，毛泽东每次视察湖南，总要见一见他的这位老师。然而有意思的是，50年代杨树达在北京滞留月余，因房子解决不了，终于放弃重回北京工作的打算，就是没有想到利用他的这种特殊的"关系"。相反，为了学术与政治，却一再上书，直陈己见。今日，"知识分子人格"已成为热门话题，其实，想想杨树达、陈寅恪这样的现代学者，自然觉得论者有出言玄远之偏。

杨氏早年留学日本，晚年犹不能忘怀这段学术经历，诗中曾有"我亦曾作蓬岛客"之句，日本学者对他的学术亦很推崇。有一件事，意味深长。1935年7月，杨树达应日本学者之请，在"东方文化会"讲学，题为"湖南文化史略"。据日记云："余力言自王船山先生之后，湖南人笃信民族主义，因欲保持自己民族，故感觉外患最敏，吸收外来文化最力，且在全国之先"；"所言固是事实，亦欲听者会余微意，有所警觉耳"。这不就是"学术"中的"政治"么？杨先生的"微意"，其实是有大义存焉，有深意存焉；国有外患，一个学者所能做的，莫过于如此了——如此亦足矣。

北平留不得

《吴宓日记》记载，1937年9月23日，吴宓当日往陈宅"祭吊陈伯严先生（三立）"，与陈寅恪有一番谈话：

> 寅恪甚赞同宓隐居北平读书之想法，惟谓春间日人曾函邀赴宴于使馆，倘今后日人逐来逼迫，为全节概而免祸累，则寅恪与宓等，亦各不得不微服去此而他适矣。

陈寅恪的劝告，与日后吴宓离开北平这一事实，自然有一定的联系。

引人注意的是，在当时的严峻形势之下，吴宓何以有"隐居北平读书之想法"？

当然，吴宓曾经早就有过隐居读书的念头，那是在1927年初，王国维自沉之前，《吴宓日记》当年4月3日载：

近顷人心颇皇皇，宓决拟于政局改变、党军得京师、清华解散之后，宓不再为教员，亦不从事他业，而但隐居京城，以作文售稿为活，中英文并行。并且这一计划也曾与陈寅恪讨论，得到陈的赞同。

《吴宓日记》同年6月29日记载了他们的这一谈话，有"寅恪赞成宓之前议"云云。

但是，1937年毕竟不同于1927年，吴宓又有此想法，原因恐怕不尽相同。值得注意的有下面这样一件事。

1931年8月，吴宓在清华大学的学生贺麟留学归国，任教于北京大学和清华大学。"九一八"事变之后，吴宓约请贺麟写一篇关于德国学者在拿破仑占领时期何以自处的文章，因此贺麟的《德国三大伟人处国难时之态度》一文随即连载在吴宓主编的《大公报·文学副刊》上。吴宓特意为文章写了按语，略引如下：

按此次日本攻占吉辽，节节逼进。当此国难横来、民族屈辱之际，凡为中国国民者，无分男女老少，应当憬然知所以自处。百年前之德国，蹂躏于拿破仑铁蹄之下，其时文士哲人，莫不痛愤警策。惟以各人性情境遇不同，故其态度亦异，而歌德、费希特、黑格尔之行事，壮烈诚挚，尤足以发聋振聩，为吾侪之所取法。故特约请北京大学哲学系讲师贺麟君撰述此篇。

所谓"各人性情境遇不同，故其态度亦异"，就是除了费希特英勇无畏地发表演说并在演说结束时鼓舞学生参加战斗外，歌德和黑格尔均静以自处，以待时变，而他们共同的境遇则是侵略者并没有把他们怎么样，歌德甚至受到拿破仑十分崇敬的一个多小时的会见。

我们当然不能据此而断定吴宓1937年"七七"事变后"隐居北平读书之想法"与贺麟的这篇文章有关，轻率地以为吴宓的这一"想法"是受到"德国三大伟人"在外寇占领时期竟然安然无恙的启发，这毕竟只是一条带有明显臆想性质的"孤证"。但是，有一点是很明确的，吴宓的"隐居北平读书之想法"未免有点"想当然耳"，因为"隐居北平读书之想法"毕竟是主观的想象，客观处境是否允许如此，却忽略未计耳，而陈寅恪所谓的"倘今后日人迳来逼迫"云云，征之于他在香港的遭遇，征之于留平学者的遭遇，可谓有先见之明。

比如周作人，"七七"事变后，在北平学者纷纷南下之际，也曾有"闭户读书""售文自活"的想法，并且在郭沫若《国难声中怀知堂》发表之后，有"鼎堂先生文得读，且感且愧，但不敢不勉耳"（按，1937年8月25日致陶亢德信中语）之想，进而在1938年连续辞绝北平师范大学、北京女子师范大学之聘，辞绝北京大学校长、文学院院长，也有辞退"留日同学会"、不入"东亚文化协会"之义举，无论如何我们也不能相信，周作人早在1927年以降就有了一条必然"走向深渊"的心路历程。也许他的初衷和吴宓"隐居北平读书之想法"相去不远，而没有充分意识到即将到来的如陈寅恪所谓的"倘今后日人迭来逼迫"的现实处境。

这并不是说如果吴宓留在北平隐居读书，就一定会步周作人的后尘，因为吴宓到底是赤子之心，而不是周作人，也没有周作人"外道生涯洞里蛇"（按，周作人《五侠自寿诗》）那种冷血动物般的宠辱不惊的功夫。《吴宓日记》1927年6月3日云，王国维自沉时，吴宓在日记中自誓：

> 今敢誓于王先生之灵，他年苟不能实行所志，而泯泯以没，或为中国文化道德礼教之敌所逼迫、义无苟全者，则必当效王先生之行事，从容就死，惟王先

生实冥鉴之。

以吴宓先生后来的经历来看，确实大抵如此。

汤用彤的境界

吴宓留学美国期间的日记中，对陈寅恪、汤用彤赞不绝口。事实证明，吴宓是很有眼力的。在三四十年代中国学术界，陈寅恪、汤用彤确实是那一代留学欧美的学者中的杰出者。比较而论，胡适、冯友兰等，但属名家而已。胡适日记中说，汤用彤只能作小心的求证，不能作大胆的假设；虽然胡适也认为这是汤用彤的"谦辞"，但在发明"大胆的假设，小心的求证"这个著名的"治学方法"的胡适眼里，以为这个"谦辞"或有微意？抑或胡适在日记中特意记录这个谈话，亦自有微意？胡适的日记中还说："锡予（引按，汤用彤）的书极小心，处处注重证据，无证之说虽有理亦不敢用。"证诸汤用彤著作，此可谓汤氏学术之一大特征也。进而言之，此亦汤用彤与陈寅恪之学术的一个重要区别？陈寅恪之学术固然谨严，其历史研究自有其实证之精深功夫，然而其著作中，中心论点往往先"假设"，而后驱使证据以推论之，此一特征至《柳如是别传》，历历在目，发挥得淋漓尽致；即使《隋唐制度渊源略论稿》《唐代政治史述论稿》，其李唐氏族"胡化"这一大前提，虽沿旧说，且有新证，亦可谓"史家之想象力"之绝妙发挥也，与"大胆的假设"固不类属，而或胡适有所谬赏耶欤？

但是，诚如王元化先生所说，汤用彤与陈寅恪，思想与学术，最为相通。其《谈汤用彤》云："他（引按，汤用彤）所具有的深厚的西方哲学功底，倘不细察，是无法从字里行间寻找蛛丝马迹的。"陈寅恪不也是这样吗？又云："中西文化融贯说非用彤先生一家之言，他同时代的陈寅恪亦与汤说并同。"

"独立之精神，自由之思想"，陈寅恪先生之名言也。其论王国维，再三致意，诚可谓心有戚戚焉；论人亦立论，别有寄托，固不当仅仅以论一人一事而视之也。汤用彤和陈寅恪一样，几乎不写学术论文之外的文章，似不屑议论政治、现实；但陈寅恪于序跋诸文中论及当世学者、学术和文化，时有严厉之批评，而汤用彤除了《评近人之文化研究》《文化思想之冲突与调和》之外，我们几乎看不到他的直接表露自己思想的文字。尽管如此，我仍然认为，汤用彤与陈寅恪之"独立之精神，自由之思想"，是十分相通的。只是汤用彤的这个思想，只有细读其《汉魏两晋南北朝佛教史》《魏晋玄学论稿》，才能有所体会、领悟。

《王弼之〈周易〉〈论语〉新义》，是汤用彤论魏晋玄学的一篇十分重要的论文，对王弼的思想及其在汉魏思想史、学术史上的意义，论述极为精确。然而，容易忽略的是，此文立论之中其实包含了陈寅恪所谓的"独立之精神，自由之思想"的意旨。文章首先说：

> 汉魏之际，中华学术大变。然经术之变为玄谈，非若风雨之骤至，乃渐靡使之然。经术之变，上接今古文学之争。魏晋经学之伟绩，首推王弼之《易》，杜预之《左传》，均源出于古学。今学本汉代经师之正宗，有古学乃见歧异。歧异既生，思想乃不囿于一方，而自由之解释之风始可兴起。……而王氏之创新，亦不过继东汉以来自由精神之渐展耳。

于汉代今文经学之正宗之外，有古文经学这个异端出现，于是"思想乃不囿于一方，而自由之解释之风始可兴起"，此乃魏晋玄学出现的大前提。可见汤用彤视"自由精神"为思想、学术之新变、创新的重要原因。反之，思想统一，独尊一家学说、一个主义，势必窒息思想、学术的发展。汤用彤从汉魏思想史、学术史的发展、变化来论述王弼的思想特征及其意义，有

"王弼之伟业"之盛誉，并且对其"自由精神"再三致意，所谓"其思想之自由不羁，盖因其孤怀独往，自有建树而然也"，当有文外之寄意欤？而这不就是陈寅恪所谓的"自由之思想"的意义吗？

《易》曰："天地盈虚，与时消息"；"天行健，君子当自强不息"。天道之兴废，士人之出处，此乃魏晋玄学的核心命题之一，亦有其特殊的政治意义。《王弼之〈周易〉〈论语〉新义》一文，以论述王弼的这个思想而结束。汤用彤说："夫盈虚消息之义，清谈人士之所服膺。辅嗣为玄宗之始，于此曾三致意。"接着连举数例来说明这一点，然后以这样一段议论结束全文：

> 辅嗣于君子不遇之时，而特重其行义不屈。比于山涛之告嵇绍，不亦胜之远乎。盖玄风之始，虽崇自然，而犹严名教之大防。魏讽死难，汉室随亡。何晏被诛，曹祀将屋。清谈者，原笃于君父之大节，不愿如嵇绍之靦颜事仇也。王弼虽深知否泰有命，而未尝不劝人归于正。然则其形上学，虽属道家，而其于立身行事，实仍赏儒家之风骨也。

这一段话不仅指出了王弼思想的一个极其重要而又被忽略的特征，亦指出了正始、永嘉玄学与魏、晋政治密切相关的一个重要区别，而与陈寅恪的著名论文《陶渊明之思想与清谈之关系》，思想是基本一致的。所谓"辅嗣于君子不遇之时，而特重其行义不屈"，这不是表彰王弼特意树立独立之人格的思想吗？而这岂不就是陈寅恪所谓的"独立之精神"吗？

《王弼之〈周易〉〈论语〉新义》与《陶渊明之思想与清谈之关系》，思想息息相通，相互发明；汤用彤之推崇王弼，犹如陈寅恪之表彰陶渊明，亦与陈寅恪"独立之精神，自由之思想"之说相呼应。

读《伍叔傥集》

一、关于新文学

《伍叔傥集》，一册六百五十余页，其中"伍叔傥研究资料"占三分之一，诗集占四分之一，各类文章、讲义和杂著，大约不足一半的篇幅，可见伍叔傥先生确实是一个"散淡的人"。我最先阅读的是其中的学术性的论述文字，兴趣盎然，惊叹其胜义纷呈。

伍先生对"五四"以来的新文学是大不以为然的，他的兴趣完全在古典文学那一边。但是，他对新文学作家或作品的评论，虽然是只言片语，常常是议论古典文学时的即兴发挥，却很值得注意。比如：

鲁迅除古文学的知识外，还深受医学等科学知识与日本以及北欧文学思想的影响，因此具有前所未有的丰富意境。当代中国文人中有人即使学习了英美知识，但没有古文学的造诣，因此意境偏颇，是无法产生好作品的，巴金和茅盾在这一点都不及格。但曹禺却值得关注。

这里对鲁迅的评论十分精到，完全可以说是被后来的鲁迅研究所证明的定论；说得如此素朴而切实，远比今天的系统化、理论化乃至玄学化的评论高明。在别处，伍先生还说："像鲁迅一样不畏生命的危险走自由之路的文学家值得崇敬。"这也是很高的评论。伍先生对新文学少有许可，却一再这样高度评价鲁迅，是很有意味的。钱谷融先生是伍先生的弟子，为学、为人均大受其影响。记得当年我在钱先生门下读书时，钱先生对中国现代文学的评点，意见似乎大体和伍先生的这个议论很是一致。只是钱先生常常是"二周"并论的，对周作人的文章称道不已。这本文集中，虽然伍先生从来没有提到周作人，但却不难发现他的文学观其实和周作人是十分接近的，例如：

    我不会一概地否认文言，而认为应补充文言词汇相似的口语词汇，应该重视增加表达工具。否则像当今的国语一样贫乏的语言就作不出好文章。而且与其采用俗语增加词汇，不如选择存续了数千年的文语词汇，这样更具普遍性。减少文言，增加白话，从其中寻找调和点，这才是国语改革的方向。……今后必须选择简易而有内容的古文辞汇。

这和周作人"五四"时期所提出的"言文一致"的观点大体相同。再如伍先生在谈到"中国文学内容贫乏"时说："韩愈的《原道》尤其显得没有思想性。"后来又曾说"韩文尤无用，不足用心"。现代学者中这样彻底地否定韩愈，此外也只有周作人了。伍先生否定韩愈的思想前提是这样的：

文学超越了政治。优秀的文人不满足于一切现状。丰富的意境能直达人生思想。与人生理想完全符合的现实社会是不存在的。直达人心才是真正的理想。然而令人痛心的是中国文人并没有如此丰富的理想，反而着重在技巧上。

要推动文学的发展，就必须给予绝对的自由。

这种文学观也是和周作人十分相近的，让人联想到周作人

《〈燕知草〉跋》等文章中的话。

伍先生对现代诗也曾有只言片语的评点："胡适的《尝试集》，作为白话诗大概不算成功"；"孙大雨的新体诗是翻译英国诗，已全然没有民族味"。"翻译英国诗"之说，大有识见。对中国古典诗有精深体会和研究的伍先生，大概是不会欣赏白话诗的吧？记得当年钱先生一再对我说过：白话诗成绩很差，小说也差不多，只有散文好点。他和伍先生对白话诗的意见，似乎可以说是很相近的。关于胡适，伍先生还说："胡适引入在《白话文学史》中的汉魏六朝的白话文学，如果是我的话则会作为文言文学对待。"这个评论极有见地，除了废名之外，似无人说过。胡适把汉乐府乃至白居易诗之类的作品视为白话文学，是因为语言平白易懂，殊不知这样的作品即使语言平白如白话，也依然是文言的语言，其词汇、句法等，都属于文言的语言系统，和白话的语言系统不是一回事。胡适倡导白话文，其功至伟，但他的文学语言观，其实是很有问题的。

二、关于古典文学

《伍叔傥集》胜义纷呈，是指伍先生对中国古典诗的评点、论述和分析。

论五言诗的起源："《楚辞》不独在思想上风调上与五言

诗有密切关系，论修辞造句，学五言的，也不可不在《楚辞》上用功。《楚辞》，便是五言之经典。"这个判断实在是惊人之论，因为说《楚辞》是汉代文学最直接的渊源，历来的定论主要是指汉赋和《楚辞》的关系。根据有三，其一是：

> 我以为……一天，五言诗作者忽然感觉到《离骚》实在太浮华了，何必加上这么多空字眼，同时又比曹操早些发现出"兮"字的累赘，也提起笔来，专门取他中间重要的几个字，写成像下列的句子来：帝高阳苗裔，朕皇考伯庸，摄提贞孟陬，庚寅我以降。

这个"我以为"，从学理上说，似乎确如伍先生自谦是"逞其臆说"，但却有学术研究的难得的天才之"灵感"的价值，亦近乎历史研究中所谓的"同情之理解"，可谓事或未必然而理或有其然。根据之二是将这个天才的发现验证于事实所做的文本分析：将《古诗十九首》之《行行重行行》改成《楚辞》的形式，又将王粲的《登楼赋》改写成五言诗，"由此可以想象文人苦心改创终于成功作成五言诗了"。古人是否类似这样"作成五言诗"的，是史无凭据的，但这个推论却是有了一定的文本分析的依据。根据之三则是：在《世说新语》中提到当时酒和《离骚》被世人所喜好。当时的世人反复鉴赏玩味《离骚》曲调的过程中，自然就悟出其精髓中心，然后就想到了作五言诗。

终于有了一条史料，但却是对《世说新语》中这句名言的创造性的解释，不尽依原意，却发挥得好。我细致地推敲、归纳《古诗十九首札记》和《谈五言诗》两篇文章中这样论述五言诗的起源，其论点和论证均十分惊人，只有惊叹伍先生天资绝伦，悟性之高堪称绝顶。

也不仅仅是悟性，伍先生其实是对汉魏六朝诗文下过大功夫的，功力之深，也是惊人的。比如他说古诗《行行重行行》的"行行"是重复，而非如有人所说的有空间性和时间性之分别，以"汉代古诗中，以叠词起首的有三十六首之多"为依据，得出"重叠词可调整诗的格调缠绵情绪，所以在古诗中被常用"这个结论。可见是做过细致、枯燥的统计，排比的分析的。再如评论陶渊明的诗，一一列举陶诗结句屡用"聊且"的例子，然后归结说："在陶公五言一百十四首当中，用"聊且"作结，就有十四首，不可谓不多了。显然是词病。"这也是细致、枯燥的统计，排比的功夫。

功力之深还表现在遍读诗文之外的一切汉魏六朝典籍，所以伍先生的判断的可靠性就不仅仅是来自其绝佳的审美判断力，而且还有充分的历史意识。比如他说：

> 把钟嵘《诗品》列成一个表，知道五言不过诗骚
> 二宗。《国风》一传而为曹子建，《离骚》一派则流
> 衍而为王仲宣。晋后诗篇，皆由此分支的。而王派流
> 传较广，后来陶谢，皆属于这一派。总之，王粲确是
> 一代大家。所以陈寿《魏书 王粲传》，便是《文苑
> 传》，把魏国所有文人，都附在他底下。这就是一时
> 的舆论。

引史籍来证实"一时的舆论"，支持其文学史的分析，可
见其文学史眼光和视野；对《诗品》的评论也十分精到，对诗
骚的地域流传和曹王分别在中原、荆楚的生活经历的历史考
察，可以证实这个文学史的判断。

再如关于陶渊明的论说：

> 《文选》和《诗品》也具有那个时代的意义。那
> 么六朝的品味是什么呢？这可以从钟嵘的《诗品》中
> 得知。在《诗品》中陶渊明位列中品，"其源出于应
> 璩"。……六朝时期陶渊明只是一个远离世间风尚的

诗人，并没有受到很高的评价。清代王世祯指责六朝的品味，在《诗品》中将陆机、潘岳列为上品，视陶渊明为中品，这一论断是无视六朝的品味。虽然好友古直指出引入宋本《太平御览》的《诗品》把陶渊明归为上品之列，我还是难以赞同。

这个"知人论世"的分析自然是十分精到。钱锺书《谈艺录》中的几乎完全一致的分析，今天已经成为常识性的定论了，但没有想到伍先生早有先见之明。

还有诸如对唐诗、宋诗的总体批评和对白居易、苏轼诗的评论，亦极其精彩，难以一一引述。本书附录的《伍叔傥研究资料》中，有伍先生同事、学生的回忆文章，很好看，"读其书不知其人可乎"？由文字想象其名士风采，别有情趣。借用朱光潜引用过的一句话，可谓是："慢慢读，欣赏啊！"

读《天风阁学词日记》

　　已故学者夏承焘先生，是现代词学大家。夏先生几十年坚持天天写日记，虽有遗失，但还是有厚厚三大册。前两册《天风阁学词日记》分别出版于20世纪八九十年代，我买到并且读过了；第三册是这次出版文集时才出版的，记录的是1948—1965年的经历，其价值已远远超出了学术史的范围。

　　由日记看来，夏先生很推崇的学者，一是陈寅恪。1949年3月的日记中，就有两条材料：4日，"陈学恂处借来其友人戎女士在西南联大听陈寅恪讲授笔记，有说琵琶行、新乐府、长恨歌、连昌宫词各章，考证有甚琐者，亦有甚可喜者"。17日，"学恂惠借中央研究院历史语言集刊第二十册，有陈寅恪之元微之悼亡诗及艳诗笺证，以当时社会新旧风气解释微之一生婚宦取巧不德之心理，甚为察微"。一个月内连续借读陈的著作，显然不仅是因为自己学术研究的需要，恐怕也是因为久闻陈的大名吧。连"讲授笔记"都借来阅读，可见其重视程度。后来的日记中，还有好几次提到陈寅恪，愈加推崇，并且还记录了唯一的一次拜访经过，兹不转述。

其次是对钱锺书的欣赏。1948年9月17日，"阅钱锺书谈艺录，博览强记，殊甚爱佩。但疑其书乃积卡片而成，取证稠叠，无优游不迫之致。近人著书每多此病"。《谈艺录》未必是"积卡片而成"，因为钱氏正是以"博览强记"著名。而"近人著书每多此病"云云，所论极是，只是夏先生没有料到的是，"今人"连卡片也不大耐烦做了，"此病"也就不多了。1949年3月10日日记云："阅钱锺书谈艺录，博览强记，诚可惊叹。"也不只是"惊叹"，同时也有微词，所以1953年9月8日日记云："阅钱锺书谈艺录，其逞博处不可爱，其持平处甚动人。"在我看来，夏先生的这个看法，也是很"持平"的：我不止一次听到老辈学者有类似的评论。中国固有的学术传统，讲究"由博返约"，顾炎武言学术有"三难"，"精审难"比"淹博难"更难，戴震云，"学贵精不贵博"，可见夏先生的看法，是有来历的。从日记来看，钱氏也很看重夏先生的学术成就。1958年10月24日日记云："近将批判钱默存之谈艺录，默存属予提意见。"1959年5月4日日记云："发钱锺书函，谢其寄宋诗选注及诗，附去感近事一诗。"诗云：

后生可爱不可畏，此语今闻足汗颜。

不信千编真覆瓿，安知九转定还丹。

是非易定且高枕，蕴藉相看有远山。

太息凤鸾满空阔，九州奇翼竟无还。

这不是夏先生诗集中的上乘之作，但中间两联意味深长，虽然是针对当时学术界的"大批判"而言，既表达了自己的坚定信念，又是对对方的劝慰。查《槐聚诗存》末收《感近事》一诗，但由夏先生的这首和诗，可知大概。

值得注意的还有学界的大事。如1958年10月21日记载：有人"来谈近日批判学术权威事，谓今年须批判人物有章太炎、王国维、陈寅恪、郑振铎等五人，校内四五人，以予与（姜）亮夫为重点"。没隔几天，24日记载：科学院朋友来信，"谓文言所开第五次批判郑振铎学术思想（会议）时，即郑飞机失事之日"。而这中间的22日，还特意记载了同事的一句忠告："与谈近有意整理香山、放翁二家全集笺注旧稿，（同事）怂恿早着手，谓此二家将来打不倒。"这是具有学术史意义的重要材料。50年代和60年代初，古籍整理，大有成就，无论是标点、注释，还是全集、选集，均十分可观，但由此看来，政治的制约，亦在其中。

我还看到一件很让我感兴趣的事，十分惊讶。1959年5月29日记载："夕王西彦偕常州钱国荣（谷融）君来，华东师大西彦同事。"此时钱先生已经因为那篇著名的《论文学是人生》论文，受到十分严厉的批判，并且因为特殊的"政治需要"，为了以后好"供批判使用"，才有意没有被打成"右派"，已经是人人惟恐避之不及的"戴罪"之人，王西彦先生竟然还带着他外出访友，恐怕还一起游了西湖。难怪王先生后来吃了那么大的苦头。

日记中当然有许多关于学术、治学的真知灼见，难以转述。只说一条吧，夏先生认为，鲁迅的《亥年残秋偶作》，"此君旧诗，殆以此首为第一，颇有海日楼骨力。"后一句话令人惊奇，真是"道前人所未道"。其他关于古典诗词的，我就不敢乱说乱道了。

"叶公超太懒"

陈子善先生在他编辑的这本《叶公超批评文集》"编后记"中说，"本书是大陆出版的第一本较为完备的叶公超文学批评论集，编入迄今所能搜集到的叶公超从政一切所写的所有文学论文、随笔、序跋和书评，还有他的四篇散文"。那么，这样一本不到三百页的薄薄的小册子，也就是他全部的文学成就了，这难道不正验证了那句流转甚广而又难以落实的"名言"——"叶公超太懒"？陈先生也许知道我这样的听说过那句"名言"的读者难免如是之想，所以接着又补充说"叶公超并非眼高手低之辈"。这句话可以书中文章来证实，即使那些当初发表在"出版消息"栏目的寥寥百字的文字，也大有来历，识见非凡，岂是"眼高手低之辈"？但是，既为名教授，又玉树临风于文坛，何以只留下这样单薄而又零碎的著述？——重读本书之前，我竟然如此忽发奇想。

叶公超在现代"书话"史上的地位十分重要，他参与编辑

《新月》时，不仅自己撰写，而且特邀梁遇春一同撰写；梁逝世后，他又悉心指导他的另外一位已经毕业的学生——常风——写作"书话"，而常风则是30年代由"书话"而"书评"的著名评论家，深受朱光潜的赏识。也许是因为这两位高足的出色表现，叶公超自己反倒不写了，但他留下来的几篇"书话"，确实精彩。"书话"这种独特的文体，需要的不仅是评论的识见，而且更重要的是有学识的"趣味"，一种举重若轻的风度，否则就是变"书话"为"书评"的实在或笨拙了，了无"话"之风趣也。

比如，罗素的《怀疑主义的论文集》，叶公超开篇却以"（本书）使我们联想起四百多年前在孤堡圆塔里镇日写小品文的蒙田"一句转而谈论蒙田，篇幅过半才回到正题，看似离题万里，实则尽在其中。"怀疑主义"怎么说？蒙田怎么说？叶公超这样写道：

> 他（蒙田）看清法国当时纠纷的根源是由于一般人的盲目信仰和执迷不悟，所以他的态度是尊重事实和推崇理性。若使人人都肯睁开眼睛把当前的事实仔细地观察一下，再用雪白的理性来加上判断，不受党派偏见的蒙蔽，不随着自己的爱憎来揣度，处处存种

博爱的胸怀，那么世界上许多的黑暗情形也立刻可以消灭，春风和煦的社会当然也可以实现了。他又知道人们那么顽梗互相残杀的缘故是自信太过，所以他提倡怀疑主义，以为理性的能力是有限的，我们这么渺小的人们绝对不能完全了解宇宙的神秘，抓到最终的真理。我们只能得到相对的真理，用来解决目前的问题，所以应当取种宽容的态度来容纳各方面的意见，免得武断地做错事情。

清晰，生动，而且亲切，对偶句的使用增加了庄严感，却无铺展气。我有限的阅读里，好像还没有人能够如此简明地说明蒙田的思想精髓。说到罗素时，有这样一句话：

他的态度简直可以说和蒙田是一样的，所不同的是罗素又多了四百年人们积蓄的智识和带一种慷慨激昂的积极态度。

一言道出思想的差别，如此机智，堪称举重若轻。中国现代思想史上，周作人是很崇敬蒙田的，而鲁迅的"怀疑主义"虽然是从尼采而来，但不正是带有"一种慷慨激昂的积极态度"

么？

叶公超自云"比较喜欢"英国现代小品文作家浦利斯特利（Priestley），对《浦利斯特利散文自选集》，他侧重介绍了浦利斯特利"对于小品文见解的新颖"：

> 他（按，浦氏）说，小品文是种富有艺术性的漂亮闲谈。在这种闲谈里，每个字，每句话，全是饱含着作者的个性与人格的。一切闲谈的资料，都可以用作小品文的题目：譬如一段回忆，一段自传，一种经验的记述，或一种人物的描写。话之动听与否在谈话的人而不在题材。同理，小品文大部分还是靠作者的风格与态度。取去了文章里的"自我"，便完全夺去小品文的生命了。所以，在某种意义上，一篇小品文简直可以说是作者自传的一断片。

介绍浦氏这种对于小品文的见解，实际上也是借以表达叶公超自己对于小品文的理解。由鲁迅翻译的日本学者厨川白村《苦闷的象征》中的对于小品文的看法，十分著名，其实只是对于小品文的"谈话风"的形式的一个说明，而浦氏的这一见解，则是小品文的实质，是灵魂，二者合在一起，才是小品文的

"内容"与"形式"的比较完整的说明。叶公超在前两个月发表的关于《小品文研究》（李素伯编）的评论中，引述了厨氏的说法，这里又特意介绍并称赏浦氏的见解，恐怕意在纠正当时对于小品文的一种十分流行的一偏之见吧？关于《浦利斯特利散文自选集》，叶公超主要还是谈论浦氏的文体特征，谈到浦氏小品所表现出来的"并不平凡的才力"时这样说道：

> 不过他又并不是在弄机智，说"谬理"（Paradox），或是Sentimentality来打动我们。这一点，似乎也值得留意。即使是在"替乏味的人们辩护"，他也说得那般在情在理，而不是强词夺理的。

这一点确实"值得留意"，因为中国现代的小品文一个十分突出的毛病就是写得太"漂亮"了，太逞才了。梁遇春的小品文，深受叶公超、废名的好评，但废名评之为"古典的白话文学之六朝文"，原因恐怕也正在于此。

对《曼殊斐尔的信札》，叶公超引述了其中的这样一句话，"一切的生活同时都比我们所知道的要神秘的多，简单的多。人生和宗教相同的就是：假使我们要求一种信仰——没有信仰我们就不能存在——我们必定先要知道如何承受"，然后议论说："我想她的意思是说在承受之中，人生在各方面还有许多的美。"这是意味深长的，中国现代思想上的主流，一直是"激进主义"的，关键词是"斗争""革命"，而忽视了"承受"的意义。其实，著名诗人里尔克说得好：

有何胜利可言？——挺住意味着一切！

《艺术表现的世界》的作者称之为"我们这一代人将永志不忘的诗句"。

这本薄薄的《叶公超批评文集》，涉及文学的各个方面，不仅有的是真知灼见，而且在中国现代文学批评史上具有重要意义，可惜连专门治此的学者似乎也无视它的"历史的存在"，这本书虽然出版得晚，但其中各篇都散见于十分重要的杂志啊。

俞平伯的书信

俞平伯的书信，寒斋倒是收集了已经出版的各种，今年暑假在南京开会，实在无聊，于是便买了一本《暮年上娱》消遣时光，竟然兴趣盎然，回家后便将俞氏的几本通信集重又读过一遍，真是大有收获。

1977年10月12日致叶圣陶的信中说："近读义山诗集，此弱岁肄习者，顷始重展每为惆怅"，"弟习诗由斯入门，生平多靡丽晦涩之句亦半由于此"。读此恍然大悟，虽然"靡丽晦涩"确实是俞氏作品的一大特色，虽然知堂当年也曾有"（据说）废名君的文章是第一名的难懂，而第二名乃是平伯"一说，虽然废名受李商隐影响是公认的事实，但是我确实愚钝到竟然没有想到俞平伯作品与李商隐的关系，也许是因为没有这样第一手材料而不敢先"大胆的假设"再"小心的求证"吧。又，1979年5月11日致叶圣陶："佩公晚学宋诗，或较坚涩。弟则好幻思缛采。""幻思缛采"确实也是李商隐的特征，至于"佩公"，当即朱自清，三四十年代他一直教授宋诗，"学宋诗"当属教学相长之所谓也。不过，如其自谓，"不能做诗"，是一个比较拘谨的学者，"学宋诗"倒不失为"善"学。

俞平伯对朱自清是十分感激的。原因恐怕在于朱自清在俞平伯人生的关键时刻，有过十分重要的意义，而不仅仅是因为他们自20年代开始的真挚的友谊。抗日战争期间，朱自清对俞平伯在沦陷的北平，十分牵挂，特别是在周作人"落水"之后。1983年10月26日、11月1日给俞润民的信中，两次提到朱自清的赠诗，即1941年寄自昆明的《寄怀平伯北平》的第三首。俞平伯忽发奇想，以为这首诗竟然"预言"了"我的后半生"，虽然他也知道"如1967、1977、1982各年事均在朱之身后，以之说四十年代的诗明是附会"，但是，这不恰恰说明他对朱自清的这首诗刻骨铭心么？说明他在意识的深处早已将朱自清的这首诗与自己的人生、命运紧密联系起来么？否则何以有此"附会"，以至于"枕上忽然惊觉"呢？朱自清的这首诗是这样的：

忽惊烽燧漫天开，如鲫群贤南渡来。

亲老一身娱定省，庭空三径掩霉台。

终年兀兀仍孤诣，举世茫茫有百哀。

引领朔风知劲草，何当执手话沉灰。

深情感人，但更重要的则是最后一联的殷殷期勉之意。俞平伯当时对此有何感受，不得而知，但事实是，据孙玉蓉的《俞平伯年谱》，1942 年 9 月 13 日，他出席了在北京饭店举行的伪华北作家协会成立大会及第一次全体大会，并被选为伪华北作家协会评议员会的评议员；1943 年春，他参加了伪华北作家协会第一次"华北文艺奖金"审查委员会会议，并担任诗歌方面的主审委员；此外这期间还一再在敌伪报刊上发表作品。正是在这样的情况下，1943 年 12 月，俞平伯收到了朱自清同年 11 月的来信，朱自清说：为伪杂志写文章，"弟意仍以搁笔为佳"。俞平伯听从了朱自清的劝告。毕竟书信中的直接、明了的劝告，比诗中期勉之意，更为显豁，更具警醒意义。1948 年朱自清去世，俞平伯十分悲痛，发表了一篇题为"诤友"的悼念文章，文中有"直谅之友胜于多闻之友，而辅仁之谊较如切如磋为更难"之感慨，这是意味深长的。"诤友"之称，"直谅""辅仁"之说，显然是指朱自清 1943 年信中劝告这样有重大意义的事。我以为，就现有的材料来看，对俞平伯来说，朱自清的这封信，远比他的诗更具意义，而俞平伯之所以对朱自清的这首诗记忆深刻，可能是因为这封信使得俞平伯重新意识到诗中的期勉之意的重大意义，殷切、郑重而非泛泛之言。

俞平伯 1945 年 12 月 28 日致胡适的信，为周作人"汉奸"一事所作的"陈情之书"（按，信中语），倒不是"说情"之书，这是众所周知的，但俞平伯对周作人另有说法，则鲜为人知。1983 年 1 月 16 日，致俞润民的信中说：黄裳《金陵五记》"中述知堂题画梅诗有'恰似乌台诗狱里，东坡风貌不寻常'，自比东坡，何其谬哉！"但是，将俞平伯致胡适的"陈情之书"和他的《诤友》对照阅读，也许是有意义的。俞平伯在信中提到胡适 1938 年寄给周作人的那首著名的诗：

先生曾有一新诗致之，嘱其远引，语重心长，对症发药，如其惠纳嘉诤，见几而作，茗盏未寒，翩然南去，则无今日之患也。

这使我们联想到朱自清致俞平伯的诗和信。再者，俞平伯在信中紧接着上面一段话说到他自己：

此诗平曾在伊寓中见及，钦迟无极，又自愧咎也。以其初被伪命，平同在一城，不能出切直之谏言，泥其沾裳濡足之厄于万一，深愧友直，心疚如何，人之不相及亦远矣。

这很自然地使人联想到他之所以称朱自清为"诤友"了：胡适于周作人，正同于朱自清于俞平伯，这不正是推人及己——他于周作人——而来的"深愧友直"之自责么？——不知这样在不同的文本之间建立"互文关系"的"解读"，是否有刻意之失？

废名的旧体诗与联句

记得汪曾祺先生在一篇文章中说过，"南朝人物晚唐诗"是30年代北大的一句口头禅。我们知道，"一种风流吾最爱，南朝人物晚唐诗"，这是日本诗人枕山的名句，由于知堂先生的介绍得以流传开来的。和鲁迅心仪"魏晋文章"有所不同，知堂在30年代称道的六朝文章，以至于升堂开讲，只是不大提起"晚唐诗"。而废名，不仅称道六朝文章，"晚唐诗"更是他津津乐道的题目，对"温李"尤其赞不绝口。远在50年代废名夫子自道"我写小说同唐人写绝句一样"，朱光潜30年代评论《桥》时就指出"《桥》的文字技巧似得力于李义山诗"。然而，我们不免有所遗憾的是，废名的旧体诗有什么样的风采？

偷得半日闲，我遍查寒斋所有废名的文字，总算有所收获，虽然只有寥寥两首。第一首是——

芳草无情底事愁，朝阳梦里泣牵牛。

旧游不是长江水，独自藤花鹦鹉洲。

这是1936年写的，奇特的是，作者自云"这首诗是最近在梦里作的"。又云："我生平简直没有这个经验，这一回却有诗为证，因此也格外地佩服古槐居士的《梦遇》，那天清早我一起来就把铅笔记录下来，曾念给古槐居士听。"看来作者不仅也自惊奇，并且甚为得意。就诗而言，无端闲愁，写得如此轻妙、悠远，甚得唐诗绝句的神韵。然而，作者却说："后来我把这首诗一看便发现了破绽，看草色应该是春天的光景，然而花有牵牛，岂非秋朝么？"虽然如钱锺书《管锥编》中一再指出的那样，这类"破绽"原来是古代诗文中常见的，但作者的这一自嘲，毕竟让我有误入作者"叙述的圈套"的自恨。

1944年的一篇文章中说："在北平时有朋友结婚，命诸人题一小册做纪念，我所写者为"——

小桥城外走沙滩，至今犹当画桥看。
最喜高低河过堰，一里半路岳家湾。

看来这首诗写于30年代。清新自然，当属佳作，但在别人的结婚纪念册上题写这样一首怀念故乡的诗，似乎有些"文不对题"啊？废名到底是一个"奇人"。这回我倒是小心地"细读"的，原来"岳家湾"就是作者的"外家"。尽管如此，难道就算"切题"么？

只找到这样两首作品，恐怕不能说明什么问题，但也只能如此了。倒是在查找的过程中，注意到废名原来有一些很有意思的联句，也是见于作者的散文。因为关于文学史的故实，不妨略述如下——

　　《〈古槐梦遇〉小引》云："我曾有赠师兄一联，其文曰：'可爱春在一古树，相喜年来寸心知。'此一棵树，便是《古槐梦遇》之古槐也。"作者自云"上句作的很好"，我则由其中的"春"字而想起"春在堂"，以为很好。

　　作者在《悼秋心》文末云：梁遇春写完悼念徐志摩的那篇《吻火》，得意地给废名看，得到称赏，于是有"以后我晓得要字斟句酌"之说，废名对此解释说："因为我平常总是说他太不在字句上用工夫。他前两年真是一个酒徒，每每是喝了酒午夜文思如涌。"又云："因了这篇短文章他要我送点礼物作纪念，我乃以一枚稿笔送他，上面刻了两行字，'从此灯前有得失，不比酒后是文章'，他接着很喜欢，并且笑道：'这两句话的意思很好，因为这个今是昨非很难说了。'"据《秋心遗著序》，作者还有挽梁遇春的这样一联："此人只好彩笔成梦，为君应是昙花招魂。"并且以为"即今思之尚不失为我所献于秋心之死一份美丽的礼物"。

《关于派别》一文中说：刘半农逝世时，"我本着我的朴素的感情作一副挽联：学问文章空有定论，声音笑貌愈觉相亲。"又云，这副挽联"抄给胡适之先生看，适之先生说上联的'空'字人家看了有褒贬的意思，那么这就很非我的本意了，所以这对子我没有用"，送到追悼会上的是另写的一副："脱俗尚不在其风雅，殁世而能称之德行。"作者说"我自己还是觉得不好"，我看似乎还不及前面那一副。

凌叔华和周作人的通信

——《凌叔华文存》补遗

凌叔华的作品，书架上有好几种，有的还是民国初版本。因为"曼殊斐儿在中国"这个研究专题，我一直在收集资料，做必要的"前期工作"。据我所知，海内外汉语出版界一直没有出版过凌叔华的作品集，因而这个工作颇有"从头做起"的难度。近日，我十分欣喜地看到四川文艺出版社出版的《凌叔华文存》，其中收录的作品，是目前最为齐全的。书名是"文存"，而不是"全集"之类，这是编者陈学勇先生的严谨、慎重的学术态度。陈先生在本书的"后记"中说，他还收集到作者的其他文字，因为"不及一并付梓"，只好以待将来。不知道客观原因造成的陈先生的这种遗憾，何日得以弥补？

这部"文存"中收录了一封凌叔华致周作人的信，而据我所知，应当收录的还有几封，不知为何失收？因为这是不难见到的。河北人民出版社1994年出版的周作人的《饭后随笔》中，题为《几封信的回忆》，就是回忆凌叔华和他通信的事，并全文抄录了凌叔华的几封信。周作人的这篇文章，近几年出版的几种周作人文选，都收录了，如广州出版社1995年出版的《周作人文选》和湖南文艺出版社1998年出版的《周作人文类编》等，均收录了。周作人的这篇文章中一共抄录了凌叔华的三封信，而《凌叔华文存》收录的那一封信，就是其中的第三封。大概陈先生的材料，另有来源。

这几封信很有研究价值。不仅对研究凌叔华的创作道路，而且对研究周作人和陈源的那场著名的论战，都有重要的参考价值。

先看第一封信：

周先生：

您既是燕京大学教员，我又是燕大学生，在第一次给您写信，也用不着说些久仰德范等套语了。我自从读了几次您的大作，心里总想选您所教的国语文学念，但是事与愿违，好光阴匆匆的便过去了。我在燕京所选都是英文（我读的是英文系），所以不能另找出时间来读国文，三年级学生只许选十六点钟，而我上年已选了廿点，科长不允许再添。眼看又快开学，今学期不能选四点国文，因为所注重专修之书已经过了十六点以外。可是，我不再像上次的愚笨了。今天冒昧的给您写封信，不知您肯在课外牺牲些光阴收一个学生吗？我虽然愚鲁，但是新旧学问也能懂其大概，在燕京的中英日文皆不曾列众人以下，但凡有工夫还肯烂读各种书籍，这是女学生缺少的特性，也是我能自夸的一点长处。这几年来，我立定主意作一个将来的女作家，所以用功在中英日三国文上，但是想找一位指导者，能通此三种文字的很少。先生已经知道的，燕大教员除您自己以外，实在找不出一个来，所以我大着胆，请问先生肯收我作一个学生不？中国女作家也太少了，所以中国女子思想及生活从来没有叫世界知道的，对于人类贡献来说，未免太不负责任了。先生意下如何，亦愿意援手女同胞于这类的事业吗？我或者是一个使先生失望的学生，但我相信，凡人立志坚、肯用功，三分天才也能成十分了，所以我还不自己灰心呢。我写语体文不多，但我很愿意把它学好的。目前写了些语体游记，如先生肯认我作学生，我必诚恳的呈上请教，如果先生能课外牺牲光阴指导，那更是感激不尽的了。若是先生以为孺子可教，请复数行，以便努力进行我的工作，否则尚祈代守秘密，因为普通人尤其是女子，像我这样请教先生的很少，事不成反作为笑柄呢。

凌瑞唐谨启，九月一日。

据周作人的文章，他是"从民国十一年八月起到燕京大学去兼课"，"到了第二年开学的时候，收到了第一封信"的。由此可知，这封信写作时间应当是1923年9月1日。周作人还说，"觉得是一个颇有才气的女子"，便当即回了一封信。于是，就有了凌叔华的第二封信：

周先生：

昨天奉到手示，至为欣慰。今谨寄呈近作一小册，若先生暇时请加改削。我是第一次写语体长文，这册子内，误谬不对的地方一定非常之多，英文点句法我学过，中文新圈点法我是外行，不知道究竟与英文一样不？我还有由英文及日本文译出的小文，以后等先生有空再呈上，因为我自己能作，没有人指点，别提受了多少闷气呢！现在何幸得先生允许，代为改削指点。若是先生看完这册子，请寄回或交燕京门房亦可，诸费清神，容后再谢吧。

　　　　凌唐，九月六日，一九二三。

周作人在文章中说："所寄来的文章是些什么，已经都不记得了，大概写得很是不错，便拣了一篇小说送给《晨报》副刊发表了。"这篇小说大概就是《女儿身世太凄凉》，发表在1924年1月13日《晨报》副刊上。凌叔华写给周作人的第三封信，其中谈的就是这篇小说。

　　《凌叔华文存》失收的这两封信，恰恰是凌叔华写给周作人的第一、第二封信，其重要性是显而易见的，因为由此可以看出，凌叔华是如何走上文坛的，以及她最初的创作思想和志向。正如本文开头所说，这对于研究凌叔华和研究周作人，都很重要。周作人并不讳言他对凌叔华的赏识和知遇。我们以前一般都认为，凌叔华走上文坛是因为她和陈源、徐志摩的关系，现在才知道这其实是稍后的事。周作人在这篇文章中明确地说："她的小说因我的介绍在《晨报》上连载"，"其时《现代评论》还未刊行"；此后"她的文名渐渐为世上所知，特别是《现代评论》派的赏识，成为东吉祥的沙龙的座上宾了"。

　　下面，且谈另外一个问题。

周作人在文章中还说，凌叔华还给他写过一封信。这恐怕是第四封信，并且也是最后一封信。关于这封信的内容，周作人是这样说的：

> 不久女高师风潮起来，《现代评论》援助校长杨荫榆，《语丝》则站在学生一方面，便开始了激战，我和现代派的主将陈通伯（按，陈源）也是相识，却不免争论起来，鲁迅则更是猛烈。其时恰巧发生了一种传闻，是关于他们（按，陈源和凌叔华）婚约问题的，不知是谁的文章里约略的涉及这事，于是凌女士来信请求，不要把她拉在里边。我很是同情她，也真诚的愿望她得到美满的婚姻，但是我很抱歉，只好复信说，我写文章一向很注意，决不涉及这些，但是别人的文章我就不好负责，因为我不是全权的编辑，许多《语丝》同人的文字我是不便加以增减的。她那一封信因为年月较迟，没有在这一堆故纸里找到，但里边的意思现在还是清楚的记得的。

关于"传闻"一事，不难考知，因为不在本文讨论的范围，姑且不论。凌叔华写信向周作人"请求"，显然是因为她和周作人的先前的联系，希望自己崇拜的老师再帮忙一次。虽然周作人说自己是"两个鬼"，但人们一般只把他当作"绅士"来看的。凌叔华最初很冒昧地给他写信，也与此有关，并且这又一次向他"请求"，还是与此有关。我们知道，在"语丝"派和"现代评论"派论战时，徐志摩写信劝和，是向周作人而不是向鲁迅写信的，因为正如徐志摩在信中所说——"只有令兄鲁迅先生的脾气不易捉摸，怕不易调和，我们又不易与他接近"。虽然凌叔华写信时是否和陈源、徐志摩等人商量过，已不得而知，但据常情而论，恐怕还是商量过的。另一方面，周作人在复信中的说法，既是事实，也符合他的一贯作风，而与论战无关。

沈祖棻的词与陈寅恪的诗

读《吴宓日记》第九册，其中记录的作者1944年底在成都与陈寅恪及程千帆、沈祖棻夫妇的交往，值得注意。这是吴宓和陈寅恪在1949年前的最后一次交往，而和程、沈夫妇却是第一次交往。

《日记》1944年12月25日载："读程夫人沈祖女士近词《浣溪纱》三首，讽咏当道何、孔、宋（美龄）三人。"查《沈祖棻诗词集》，这期间果然有此三首词。不过据程千帆笺注，这三首词分别讽咏蒋介石、宋美龄、何应钦三人。似乎《日记》所记有误，因为这期间的沈氏作品，以《浣溪纱》为词牌的这种政治讽喻性质的一组作品，只有这三首。

之所以注意到吴宓所提到的这一组作品，主要是因为其中讽咏蒋介石、宋美龄的那两首词，当年读《沈祖棻诗词集》时，就曾经留意过，印象很深。其一云：

乞得神方不驻春，龙媒万里障黄云。铜仙铅泪总酸辛。金屋贮娇曾见妒，长门买赋更承恩。闲情何事一销魂？

程千帆笺云："此首假咏汉武帝以讽蒋介石也。……下阕以汉武与陈皇后婚姻纠葛事，影射蒋与某女私通事。"其二云：

尘界何由得避灾，却怜汉武少仙才。只容王母住蓬莱。海上神山金可买，园中嘉树橡新栽。西飞青雀肯重来？

程千帆笺云："抗战期间，重庆盛传蒋介石与一陈姓护士有染，宋美龄一气之下，远走巴西、美国。……当时盛传宋美龄将所搜刮民财转移美洲，曾出重金购得一岛屿，又广置橡胶种植园于巴西，以作久居之计，故词后半云然。"程笺又云，陈寅恪当时有《闻道》一诗，"亦咏宋美龄去美事"，并且认为《吴宓与陈寅恪》一书所载吴宓对陈寅恪这首诗的诠释是正确的。陈诗如下：

闻道飞车几万程，蓬莱恩怨未分明。玉颜自古关兴废，金钿何曾足重轻？

　　白日黄鸡迟暮感，青天碧海别离情。长安不见佳
期远，惆怅陈鸿说华清。

查《吴宓与陈寅恪》，吴宓的解释是这样的："时蒋公别有所
爱，于是宋美龄夫人二度飞往美国，此咏其事。"

　　陈寅恪的这首诗，与李商隐的"无题诗"十分神似，一望
而知当为政治讽喻诗，吴宓的解释使我们明了其具体所指，而
沈祖棻的词固然也是不难理解为以这种"无题诗"的写法为
词，但毕竟是"别体"，难怪方家如舒芜先生也曾著文惊叹，
称赏不已。我正是因为陈寅恪的这首诗而注意到沈祖棻的这两
首词的，一为诗一为词，意旨竟然如此惊人的相近。更耐人寻
味的是，作者均为学院中人，而沈祖棻又较陈寅恪年轻一辈，
他们这种对时事的关注与态度，可证当时国民党政府是怎样普
遍地让知识分子唾弃。

　　陈寅恪的这首诗，据《吴宓与陈寅恪》云，是1944年11月
11日抄示吴宓的，14日吴宓作《和寅恪〈闻道〉原韵》一诗，
查《吴宓日记》，对此俱无记载。而沈祖棻的词，是此后一个
多月的12月25日才读到的，按说应该联想到陈诗，并有所议
论，不知为什么？

陈寅恪的诗与沈祖棻的词，相关之处并不尽于此。

《吴宓日记》1944年12月17日记载，"寅恪口授其所作挽汪精卫诗，命宓录之，以示公权"云云。吴宓所记陈诗题为《阜昌》：

　　阜昌天子颇能诗，集选中州未肯遗。阮瑀多才原不忝，褚渊迟死更堪悲。千秋读史心难论，一局收枰胜属谁？事变无穷东海涸，冤禽公案有传疑。

这首诗使人想起《沈祖棻诗词集》中的一首词，也是调寄"浣溪纱"，系十首组词之二，写于1939年，词云：

　　漫道人间落叶悲，蓬莱风露立多时。长安尘雾望中迷。填海精禽空昨梦，通辞鸩鸟岂良谋。瑶池侍宴夜归迟。

程千帆笺云："咏汪精卫叛变。""漫道人间落叶悲"，指的是1939年汪精卫到南京组织伪政府时所写的《忆旧游·咏落叶》词：

叹护林心事，付与东流，一往凄清。无限流连意，奈惊飙不管，催化青萍。已分去潮俱渺，回汐又重经。又出水根寒，挐枝空老，同诉飘零。

天心正摇落，算菊芳兰秀，不是春荣。搣搣萧萧里，要沧桑换了，秋始无声。伴得落红归去，流水有余声。尽岁暮天寒，冰霜追逐千里程。

倘若不知其人其事，如此哀感顽艳的作品，确实悱恻动人；仅就艺术性而言，当属第一的作品。不仅如此，早年也曾有慷慨激昂诗篇，如宣统年间的狱中诗，传颂一时。所以陈寅恪说他"阜昌天子颇能诗"。

梓室那一砚墨香

　　陈从周先生的专业著作，不是我所能读的，知道先生的大名，是因为《徐志摩年谱》，并由此而读先生的那些意味隽永的散文，近日正在阅读的是《梓室馀墨》，兴趣盎然。此乃"笔记体"也，计四百八十余则，林林总总，而以谈园林者居多，我只能看看热闹而已，但文字之美、艺术趣味还能略赏一二，有时竟然也有击节欣赏之处。《王安石曾见齐梁旧构》一则，寥寥数十字，堪称"笔记文"之上品，俱引如下：

　　　　读《王文公集》"古寺"诗云："寥寥萧寺半遗基，游客经年断履展。犹有齐梁旧时殿，尘昏金像雨昏碑。"知荆公犹及见齐梁旧构也。寒夜挑灯，砚已初冰，呵冻记此，搁笔把卷，续诵妙句。

最后几句记叙的寒夜诵读的境界，令人神往，可以想见先生

"工夫在诗外"的学术胸襟。

最有阅读趣味的还是书中这种关于诗文的笔记，因为有十分独到的艺术眼光，令人叹服。《诗中见景》一则云：

> 唐人韦庄诗："无情最是台城柳，依旧烟笼十里堤。"每过南京，见垂柳依人，辄有此感。张泌诗："别梦依依到谢家，小廊回合曲阑斜。"此真写出唐代庭院建筑之美，回合曲廊，掩映花木，宛若目前，而着一斜字又与下句"春庭月"呼应，不但写出实物之美，而更点出光影之变幻。就描绘建筑言之，真上乘也。集宋词有"庭户无人月上阶，满地阑干影"。视张泌句自有轩轾，一隐一显，一蕴藉，一率直。唐人绝句之妙，于此可得消息，而诗词不同境界亦差堪见之。

对于诗词的这样的理解与赏析，真是别有慧心，也应了朱光潜先生"谈美"时所谓的"对一棵古松的三种态度"的生动说法。今日的文学理论从"现代"到"后现代"，有的是理论的花样翻新，少的却是欣赏与领会，文学成了哲学的"俾女"，评论家追求的是思想，却没有了审美体验，恰恰是所谓的"主体"的"丧失"啊。——韦庄的这两诗，还引起陈先生下面这样一段慨叹：

> 奈何过去主市政者未明此点，易以法国梧桐，数
> 十年来几无处非为此树所占，将来烟笼十里堤，恐将
> 为文学之典实矣。

按，南京市街道的梧桐树，是国民党时代任南京市长的某要人的"政绩"。陈先生的慨叹当不是"怀古"，而是"伤今"吧？"市政建设"也是一种"文化工程"，岂止"旧貌变新颜"而已，"文化"是有"血统"的，有历史的。据报道，陈先生为保护上海徐家汇藏书楼免遭"市政建设"拆毁之灾，四处奔走游说而不果，因此一气之下，卧床不起，读之令人神伤！

《郁达夫笔中的日本建筑》一则，先引郁达夫《日本的文化生活》一文中的一段话："日本人的庭院建筑，佛舍浮屠，又是一种精微简洁，能在单纯里装点出趣味来的妙艺。"然后评论说："作者为文学家，但寥寥数语，真建筑行家之谈。'单纯里装点出趣味来的妙艺'，道出了日本建筑之精神。"虽然说小说家言亦有可观者也，但"可观"不尽在小说本身，亦在于鲁迅先生所谓的"读者之眼光"，陈先生的这个评论，不正是"真建筑行家之谈"么？"日本文化"也是知堂擅长的题

目，"单纯里装点出趣味来的妙艺"也是知堂津津乐道的审美理想，而在《梓室馀墨》中无一字提及知堂，倒是一再提及鲁迅，不知什么原因？

——《梓室馀墨》大都写于60年代初至70年代中期，在那样的时代，陈先生仍然手不释卷，真大不易！梓室那一砚墨香，至今令人心醉。

缪钺先生的伤春词与咏史诗

　　缪钺先生是著名的文史学家，其史学成就我不敢置喙，但其文学成就，由于专业的关系，倒是略知一二，《诗词散论》等常在案头。近日，我却十分意外地买到了先生的遗著《冰茧庵词稿》，得以集中领略先生的诗词创作。

　　集中保存了相当数量的友朋赠答唱和之作，一般来说，这类应酬之作，虚词甚多，罕有佳作，但换一种眼光来看，未必不是重要的学术史料。关于人事与学问，诗词中的那些写于具体的历史环境中的兴到之笔，那种朋友之间平等的视角，往往可以提醒后世研究者注意"角色限制"的局限。缪钺先生与后期"学衡派"成员关系密切，因而与吴宓、张尔田、刘永济、黄节诸人的酬和之作不少。尤其是与吴宓，关系更为密切，吴宓在清华园中的住所"藤影荷声之馆"，是缪钺数次到北平探亲访友的下榻之处。1928年《清华园访吴雨僧三首》之一云："一雨长新绿，萧然生夏凉。故人有佳趣，邀我过名庠。蝉噪林逾静，荷开风自香。临窗容小座，已觉是羲皇。"这首诗朴素而又高华，不减王（维）孟（浩然）之佳处。第五六两句借故人名句，庶几天衣无缝，而且在我看来，似乎不仅仅是写"藤影荷声之馆"，对主人的赏誉，也隐含了诗人对清华大学的态度。缪钺先生虽然一直研究文史，且有所建树，但在二三十年代，一直辗转在十分普通的地方上大学，自然会对正以"国学研究院"名著全国的清华大学有所瞩目。"吴宓苦恋毛彦文，三洲人士共知闻"，这也是吴宓与知友诗词交往中常见的话题。缪钺先生的作品中自然也有与此相关的，如写于1933年的一首诗云："北窗促席说平生，薄海谁能识此情。惟有清华池畔水，照人肝胆似君明。"理解中有劝慰，完全是知音的口吻，迥异乎吴宓一再在日记中埋怨的许多知友的那种对他的"误解""不理解"，自然会让吴宓十分感动。让我疑惑的是，这首诗读起来十分耳熟，原来与陈寅恪的《挽王静安先生》一诗同韵，甚至句法、措辞也十分相近，耶或偶然巧合？

我注意到，作者的感时伤事之作甚多，这些作品比较集中地写于三四十年代；其次，从1947年到1976年，却断了三十年的"空白"。两者的原因何在，似乎都不难推想。再者，1976至1992年的作品很多，几乎是全部作品的半数。据说缪钺先生晚年，双眼几乎失明，也许因为难负著述之重累，书斋闲坐，反倒有暇吟诗填词。这些作品，清楚地反映了缪钺先生的"晚年心境"。

——引人注意的是写于己巳年的两首伤春词和一首咏史诗。

写于当年4月的《鹧鸪天》云：

> 白苇黄茅次第生，罡风一夕陨琼英。由来天意方沉醉，宁望人间出晚晴。升黜事，总难明。空于死后见哀荣。东京太学存清议，南史青编有定评。

这首词题下有小注云："己巳暮春，感事而作。"所"感"者何"事"？虽未点明，但词中还是写得很明白的；以古典喻时事，"罡风一夕陨琼英"，岂止伤春；"清议""定评"云者，"历史是公正的"之谓也；一往情深而不失理性的清明，深得"哀而不伤"之旨。

写于当年6月的《鹊踏枝》云：

> 一夕惊雷春已去。寂寞东皇，掩涕浑无语。当户锄兰何太剧。鹃花红湿潇潇雨。六曲栏干凝望处。阊阖门开，烟瘴层层阻。佻巧雄鸠矜迅羽。栖香海燕归何许？

"一夕惊雷春已去"，起句奇峭，看似叙事，实则无限感慨在其中；"当户锄兰何太剧"，"天问"也，愤激之词也。伤春情怀，如此剧烈，可见缪钺先生的暮年并无暮气！伤春即伤时，"婉约"亦"豪放"。

与这两首词意旨相近的还有写于同一年7月的题为《咏史》的诗：

> 自古侯门仁义存，是非宁可正常论？
> 汉皇重下尊儒诏，楚些难招逐客魂。
> 东洛清流钩党尽，西汉波浪乘潮奔。
> 衰年饱历沧桑劫，静看微云过雨痕。

正如"伤春"的本意并不在于伤"春"，"咏史"的惯例亦不在于咏"史"，这首诗的第七句"衰年饱历沧桑劫"，明明白白地说明诗人的"晚年心境"在于世事沧桑之感。我不禁想起《槐聚诗存》中的那首著名的《阅世》，钱锺书先生慨叹"留命桑田又一回"，正同于缪钺先生"衰年饱历沧桑劫"者也。斯世同时，同怀一慨；忧世伤时，以至于此！

汪曾祺的"浮躁"

汪曾祺有一篇文章，题为《小说的散文化》，是谈论20世纪中国小说的"散文化"艺术特征的，这种作家者言，不妨当作"夫子自道"，因为汪曾祺作品的最为典型的艺术特征，亦在于此。他在这篇文章中说："散文化的小说不大能容纳过于严肃的、严峻的思想。这一类小说的作者大都是性情温和的人。他们不想对这个世界作陀思妥耶夫斯基式的拷问和卡夫卡式的阴冷的怀疑。许多严酷的现实，经过散文化的处理，就会失去原有的硬度。"论文亦论人，说得十分准确；作者自己的文品和人品，又何尝不是如此。文且不论，其人如何？汪曾祺一再说过这样的话："我是个比较恬淡平和的人"（《随遇而安》），"我就不是具有抗争性格的人"（《小说的散文化》），"我没有那样的孤高"（《蒲桥集·再版后记》）。但是，"恬淡"并不等于心如死水，"平和"绝不是没有血性，正如"幽默"不是"化沉痛为哈哈一笑"（鲁迅语），而是"泪与笑"，"骨子里是极沉痛的"（朱光潜语）。汪曾祺在回顾自己二十多年的"右派"生涯时，以"随遇而安"一言而蔽之。他解释说："不'安'，又怎么着呢？"这种淡然的语调，更令人心酸。

所以，尽管有二十多年的人生劫难，有晚年的这样"恬淡平和"的心境，汪曾祺也难免"浮躁"。《"无事此静坐"》一文的最后一段云：

> 我是个比较恬淡平和的人，但有时也不免浮躁，最近就有点如我家乡话所说"心里长草"。

"最近"何时？文末注明的文章写作时间是"一九八九年八月十六日"。据此不难进而推想他为什么"浮躁"、为什么"心里长草"！但汪曾祺先生到底是一个仁者，即他自称的"一个中国式的人道主义者"（《我是一个中国人》），所以他在上面所引的那一句话之后，说了这样一句话：

> 我希望政通人和，使大家能安安静静坐下来，想一点事，读一点书，写一点文章。

这个"希望"并不算高，知人论世，读了却让人心里发木。

这次阅读《汪曾祺全集》的"散文卷",是按次序一篇一篇读下来的,感受到与以前大有不同,原因正在于"时代感"很强。在稍后写于1991年1月31日的《随遇而安》一文的结尾,我又读到这样的话:

> 中国的知识分子是善良的。曾被打成右派的那一代人,除了已经死掉的,大多数都还在努力地工作。他们的工作的动力,一是要证实自己的价值。人活着,总得做一点事。二是对生我养我的故国未免有情。但是,要恢复对在上者的信任,甚至轻信,恢复年轻时的天真的热情,恐怕是很难了。他们对世事看淡了,看透了,对现实多多少少是疏离的。受过伤的心总是有疐的。人的心,是脆的。
>
> 这是没有办法的事。
>
> 为政临民者,可不慎乎。

还是不忘一"政"字,真是如其所谓"从感情上接受儒家思想的"(《我是一个中国人》)。这是一段很真诚的话,也是很沉痛的话。——"忠言"也,"逆耳"否?

也正因为如此,这期间的谈文论艺的文章中,作者的艺术观有所变化，显然是有所强调。《读一本新笔记体小说》一文中，对青年作家说：

> 好的，坏的，都不要叫出来，这种近似漠然的态度是很可佩服的。但是我希望你们能更深刻地看到平淡的，山水一样的生活中的严重的悲剧性，让读者产生更多的痛感，在平静的叙述中也不妨有一两声沉重的喊叫。能不能在你们的小说里注入更多的悲悯、更多的忧愤？

这是1990年2月发表的。同年2月写作的《七十书怀》中又说：

> 我希望青年作家在起步的时候写得新一点，怪一点，朦胧一点，荒诞一点，狂妄一点，不要过早地归于平淡。

这都是劝说青年作家不妨"浮躁"。就写作的历史语境而言，显然不当以就文论文而观之。

孙犁的晚年：历史与现实

　　孙犁先生已经走了，对于这样一个有影响、有成就的重要作家的研究，其实是很不够的——在许多人眼里他只是一个小说家，其实他的散文的成就与意义并不亚于小说。"耕堂劫后十种"实在是十分奇特的创作，尤其是对于他那一代从"解放区"走出来的"革命作家"来说，真是一个"异数"——经史子集乃至近现代的笔记、日记、书信等等，收集并认真地阅读，写下了那些文体独特而意味隽永的文字。这十种小书，出版时已陆续读过，最近读的则是新版本，读得最细心而且感慨最深的是最后两本——《如云集》和《曲终集》，一个寂寞而又被视为"自我封闭"的老人的内心世界竟然如此热烈，不就是时人所谓的"现实关怀"么？借用朱光潜先生的名言，孙犁在故纸堆里的流连，这种"无所为而为的玩索"，其实是以出世的精神做入世的事业。

　　1990年3月，孙犁写了《读〈史记〉记》这样一篇十分罕见的长文，分上中下三篇，外加一"跋"，一万五千多字。他自己对这篇文章，也十分重视，在同年8月的《朋友的彩笔》的结尾说，"今春无事，曾作《读〈史记〉记》长文一篇，反复议论此旨"。按，"此旨"即"艺术真实"与"时代风尚"。并且遗憾人们"或读之而未得其意也"。文章开篇，即引述班固论《史记》"故谓之实录"一段话而展开议论：

> 希望当代文士们，以这三十个字为尺度，衡量一下自己写的文字：有多少是直的，是可以核实的，是没有虚美的，是没有隐恶的。
>
> 然而，这又是呆话。不直，可立致青紫；不实，可为名人；虚美，可得好处；隐恶，可保平安。反之，则常常不堪设想。班固和司马迁，本身的命运，就证实了这一点。

司马迁的命运，使孙犁深有感慨：

> 在历史上，才和不幸，和祸，常常连在一起。在文学上，尤其如此。……这种不幸，或祸，常常与政治有密切联系，甚至是政治的直接后果。

这种感慨显然是有来历的，因为孙犁在上文说过：

> 延安整风时，曾传说，知识分子无能为，绑猪猪
> 会跑，杀猪猪会叫。
>
> "文革"时各地干校，多叫文弱书生养猪，闹了不
> 少笑话。看来，自古以来，儒生与猪，就结下了不良
> 因缘。然从另一角度，亦反映食肉者鄙一说之可信。
> 本是讨论学术，当权者可否可决，何至如此恶作剧。

由此孙犁论述到政治与学术、文学的关系：

> 政治需要知识和学术，但要求为它服务。历史上
> 从未有过不受政治影响的学术。政治要求行得通见效
> 快的学术。即切合当前利益的学术。也可以说它需要
> 的是有办法的术士，而不是只能空谈的儒生。所以法
> 家、纵横家，容易受到重任。
>
> 儒家虽热衷政治，然其言论，多不合时宜，步入
> 这一领域，实在经历了艰难的途径。最初与方士糅
> 杂，后通过外戚，甚至宦竖，才能接近朝廷。……汉
> 武帝时，听信董仲舒的话，独尊儒术，罢黜百家，并

不是儒家学说的胜利，是因为这些儒生，逐渐适应了政治的需要。就是都知道了"当世之要务"。

　　孙犁不是思想史家，也不是学者，他的这一关于政治与学术的思想史的卓见，我更相信是他的"经验之谈"。所以他在这篇文章的"跋"中说，"黄卷青灯，心参默诵，是我的读书习惯"；又云"至于行文之时，每每涉及当前实况，则为鄙人故习，明知其不可，而不易改变者也"。"心参默诵"，这是十分吃紧的四个字，为我们提示了阅读理解的门径；而"当前实况"一语，尤其意味深长，令人警醒。——顺便说一说，这后一段话，文字和语调，十分耳熟，几近周作人30年代的笔记中语。读他的这类文章，我确实时时有如是之想。其实，孙犁对周作人是有其一贯的明确批判的。《曲终集》中《题〈知堂谈吃〉》云，"前不久，有理论家著文，认为我至今不能原谅周的这一点（按，指汉奸一事），是我的思想局限"。孙犁是深知其"在文学和翻译方面的劳绩和价值"的，并且"在中学时即读过"，但就其"落水"一事，孙犁的结论是："既失民族之信心，又丧国民之廉耻"；"名望越高，为害越大"。这后一句，真是深刻，令人惊讶历来论者的长篇大论原来词费，未能如此一言中的。

写于1990年6月的《我的史部书》云："阅读史书，是为了用历史印证现实，也必须用现实印证历史。"虽然孙犁对此再三致意，反复申说，但他的这类文章却并没有引起读者乃至研究者的充分注意与重视，甚至是某些青年评论家的十分浅薄的以"迷恋骸骨"讥讽和否定，而据作者自云，也"并没有引起同行的同调"，可见他是十分寂寞的。

90年代初，孙犁写下的那些悼念友人的文字，也是意味深长的。这些友人大多是他的"同志"，一同走过几十年的风雨历程，因而在对前尘往事的追怀中，有深沉的历史反思与现实慨叹，伤逝亦伤己。

1990年3月的《悼万国儒》中云，作品在50年代曾经大红大紫的万国儒对于自己在晚年所受到的冷遇，不能理解，"他的健康，就受到了严重的影响"。孙犁议论说：

> 这只能从更大的范围，更多的事例，去寻找解答。……比如，在我们所处的时代，为什么有的话，今天奉为真理，明天就成了谬论；为什么有的人物，今天红得发紫，明天又由紫变黑？如果还不明白，就可以再向大自然求教：天为什么有阴晴，地为什么有山水？花为什么有开谢，树为什么有荣枯等等。

看似达观、睿智，其实十分郁闷、愤激。文中又云，"春节时，我居然接到他一封很乐观信。还有暇关心身外的事，说听到一个消息，非常气愤，这是'有人要把水搅浑'，他要给上级写信"。孙犁感慨道："（他）还在关心文艺界的奇异现象，我敢说，他是抱恨终身了。"并且有这样一段议论：

> 这也是国儒的忠诚老实之处。如果是我，我如果是一条鱼，看见有人把水搅浑了，我就赶紧躲开，游到远处去。如果躲不开，我就钻到泥里草里去。不然，就有可能被钓住，穿在柳条上，有被出卖的危险。我也不会给上级写信。

这决不是什么"生活的智慧"，而是噤若寒蝉者的刻骨铭心的沉痛，以诙谐而言之，愈见沉痛，令人郁闷久之，难以释怀。并且，这种沉痛是有其深切的现实感与历史感的。

就历史感而言之，以作者写于1989年12月的《记邹明》中的一段话，意思最为明确：

> 二三十年代，有那么多的青年，因为爱好文

艺，从而走上了革命征途。这是当时社会大潮中的一种壮观景象。为此，不少人曾付出各式各样的代价，有些人也因此在不同程度上误了自身。幸运者少，悲剧者多。

值得注意的是，孙犁的这种来自自我以及他那一代人经历的现实感与历史感，也融入了他对历史著作的阅读与理解，这就是他为什么反复强调"余晚年阅读史书，多注意文士传记"的原因之所在。

《读〈旧唐书〉记》中，关于庞严与于敖，有这样的议论：

> 可见古人，对于偶遇风险，友朋落难，就立即与他划清界限，并顺手下石的人，也是不以为然的。这种事情，也不知道是古代多有，还是近代多有。但自搞政治运动以来，其数量，必远远超越前古，则无疑义。为此行者已不只朋友间，几遍于伦理领域。人亦习以为常，不似古人之大惊小怪。

在写于1990年3月的《读〈史记〉记》中，孙犁对"《史记》写到的有两种人（按，指"儒生"）"十分注意：一为东方朔者也，一为叔孙通之流。他一再引述关于后者的叙述，并且议论云：

> 司马迁虽然用了极其讽刺的笔法，写了这位儒士诸多不堪的言行和形象，但他对叔孙通总的评价，还是"希世度务，制礼进退，与时变化，卒为汉家儒宗。'大直若拙，道固委蛇'，盖谓是乎?"这是司马迁作为伟大历史家的通情达理之言。因为他明白：一个书生，如果要求得生存，有所建树，得到社会的承认，在现实条件下，也只能如此了。他着重点出的，是"与时变化"这四个字。这当然也是他极度感伤的言语。

这样别有会心地理解司马迁对叔孙通的"同情的理解"，包含着孙犁返诸己身、返诸此世的深沉的慨叹。

作者晚年文章，谈到创作的文字不少，虽然是零星的只言片语居多，但也因此更耐人寻味，因为其中有作者的人生慨叹，也正因为如此这些只言片语说显豁也显豁，说隐晦也隐晦。如《文过》："我从不相信'创作自由'一类的话，写文章不能掉以轻心。"这应该看作是作者晚年文章的一个十分重要的总注释。《理书续记》有云：

> 近代人粗通文字，写两篇小说，即成为名作家。
> 既不去读书，亦不去采访，自己又无特殊经历。但纷
> 纷去作随笔，以为随笔好作，贫嘴烂舌，胡乱写之即
> 可。其实随笔最不易写好，它需要经验、见解、文
> 字，都要达到高水平，而且极需严肃。

这段话哪里是说"近代人"啊！其中关于随笔的见解，既是十
分高明的正解，也是通识。"而且极需严肃"，这一强调尤其
重要。朱光潜当年批评"幽默的小品文"时说，小品文（随
笔）的"幽默"的定义是"泪与笑"，而不仅仅是"笑"，骨子
里是极严肃、甚至是极沉痛的，正是这个意思。

又，《题〈何典〉》一文是以这样一段文字结束的：

> 把骂人的俗话，写进小说还可以，《红楼梦》就
> 有"放你妈的屁"这句话。但用于文章，甚至诗词，
> 则不大合适，后者尤不便于吟咏。

读此一愣，继而大笑，实在是大"幽默"！

重读《傅雷家书》

　　《傅雷家书》从初版就有了，以后的增订本也都买了，这次又出版了新的增订本，还是买了，回家又读了一遍。

　　1958年和1959年，这两年的信只收录了寥寥五通，并且傅雷每年都只有一通，但我们仍然可以从中看出傅雷复杂的心态。自己被打成了"右派"，继而儿子傅聪突然"出走"，对这个正直的知识分子的打击，犹如"炼狱"的煎熬。个人早已置之度外，远在异国他乡的爱子时刻牵挂在他的心头。终于"恩准"可以通信了，1959年那一封信，却只说了两件事：演出和爱情。关于前者，以这样一句话结束："为这件事，我从接信以来未能安睡，往往一夜数惊！"对于后者，"一日未尝去心"，"因为这一点也间接影响到国家民族的荣誉，英国人对男女问题的看法始终清教徒气息很重"。这两者恰恰分属于艺术和人生，正是如何在一个陌生的国度里立身、自处的首要问题，于此我们不难想象得到，这封信无疑是傅雷深思熟虑后写的，其中所表现出来的父子之情，实在动人。值得注意的是，信的结尾处，以破折号引出这样一段话：

> 在此举国欢腾，庆祝十年建国十年建设十年成就的时节，我写这封信的心情尤其感触万端，非笔墨所能形容。孩子，珍重，各方面珍重，千万珍重，千万自爱！

原来这封信写于1959年10月1日，是"国庆节"！"知人论世"，我们不难体会傅雷何以"感触万端"，其言外之意令人慨叹。

楼适夷先生在《读家书，想傅雷》中说："应当感谢当时的某位领导同志，在傅雷被划成'右派'之后，仍能得到一些关顾，允许他和身在海外并同样身蒙恶名的儿子，保持经常的通信关系。"这是相当难得的"破例"，诚如楼先生所说，"悠悠岁月，茫茫人海，这些长时期，在遥遥数万里的两地之间，把父子的心紧紧地联系在一起"。否则，我们也就无缘阅读到这样的旷世杰作。但问题的另一方面，在那艰难的岁月里，仅仅依靠书信联系，即使是傅聪到香港演出也不能回家，无疑使骨肉之情愈加痛苦。傅雷终于心血没有白费，培养出了一位世界乐坛钢琴大师，但他却无缘在台下哪怕是仅仅欣赏一次儿子的演奏，这种痛苦是外人难以想象的。1963年10月14日信中说，"看到你描绘参观卢浮宫的片段，我为之激动不已"，接着述说自己对巴黎的记忆，最后说："告诉我，孩子，当地是否风光依旧？"这最后一句，语气如此急切，包含着多么复杂的情感！而在1966年8月12日的信中，傅雷说："想象我们的孙儿在你们的客厅及厨房里望着我们的照片，从而认识了远方的爷爷奶奶，这情景，又是多么叫人感动。"其实这种"想象"是异常痛苦的。所以接着又说：

> 尽管如此，对于能否有一天看见他，拥抱他，把他搂在怀里，我可一点都不抱希望……妈妈相信有这种可能，我可不信。

说得如此斩钉截铁，语气如此断然，是撕心裂肺的痛苦和绝望。此何时也！雷声轰然在耳，一场更大的政治风雨已经到来，傅雷显然感到在劫难逃：

> 生活中困难重重，我们必须不断自我"改造"，向一切传统的、资本主义的、非马克思主义的思想、

感情与习俗作斗争，我们必须抛弃所有旧的人生观和旧的社会准则。

　　对于一个在旧社会中生活逾四十年、满脑子"西方资本主义民主反动思潮"的人来说，他（原注：毛）的"自我改造"自然是一项十分艰巨的任务。我们正在竭尽所能、出尽全力去满足当前"无产阶级文化大革命"加诸身上的种种要求……

竟然是以当时的"口号话语"描述国内政治风暴和自己面临的处境，却又如此表情达意，只有"满足"一词闪露出了思想感受。编者说："这是父亲给儿子的最后一封信"，"离他们走上不归路，也不过三周左右的时间"。这本《家书》以这封信结束，给人以无限悲凉之感。

平淡的力量

一、《我们仨》

北京三联书店新出版的《我们仨》，是杨绛先生的新作，回忆他们一家三口的故事。这不是回忆录，而是一个老人对逝去亲人的眷恋。文字风格一如《干校六记》，只是更加简洁，语调也更加平静，有时甚至不考虑叙述的完整，许多被外界纷纷传说的故事，仅仅略一提及，简略得只有寥寥数语。但是，平淡的叙述中自有动人的力量。

比如回忆1957年"反右"的故事——

我们晚上溜出去看大字报，真的满墙都是。我们读了很惊讶。三反之后，我们直以为人都变了。原来一点没变，我们俩的思想原来很一般，比大字报上流露的还平和些。我们又惊又喜地一处处看大字报，心上大为舒畅。几年来的不自在，这回得到了安慰。人还是人。

这其实不仅仅是"我们俩"的思想感受，更重要的是也表现了那一代知识分子的思想历程，很有历史感。最后一句"人还是人"，真是妙语！接着继续回忆说：

> 所（按，指文学所）内立即号召鸣放。我们认为号召的事，就是政治运动。……风和日暖，鸟鸣花放，原是自然的事。一经号召，我们也就警惕了。我们自从看了大字报，已经放心满意。上面只管号召"鸣放"，四面八方不断地引诱催促。我们觉得政治运动总爱走向极端。我对锺书说："请吃饭，能不吃就不吃；情不可却，就只管吃饭不开口说话。"锺书说："难得有一次运动不用同声附和。"我们两个不鸣也不放，说的话都正确。例如有人问，你工作觉得不自由吗？我说："不觉得。"我说的是真话。我们沦陷上海期间，不论什么工作，只要是正当的，我都做，哪有选择的自由？有友好的记者要我鸣放。我老

实说："对不起，我不爱'起哄'。"他们承认我向来
不爱"起哄"，也就不相强。

毕竟经历了不断的政治运动，也就有了"政治经验"或曰"运动经验"。其实，早在1957年初，钱锺书在《赴鄂道中》诗中，有"啼鸠忽噤雨将来"之句，预感到一场政治风暴的来临，早有了思想准备。

这样的故事，书中还有几个。比如翻译毛泽东诗词，应付江青的"关照"，和胡乔木的交往，尽管作者平淡地叙述经过，但读者不难看出其中的政治风险。能够平安无事，也不是因为什么"政治智慧"，而是"书生本色"四字而已。钱锺书素有"狂傲"的名声，在我看来，恐怕是在知识、学术上的"狂傲"，而未必是为人、处世的"狂傲"。古有"狂狷"之说，子曰"狂者进取，狷者有所不为也"，钱锺书则更近于"狷"者；《管锥编》中有关于嵇康和阮籍的比较分析，义正词严，十分深刻，对于我们理解钱锺书似有启发。

"我们仨"的另一重要人物是独生女钱瑗，在书中有相当篇幅的叙述，可见作者的深情。最后一段关于她的文字是这样的：

阿瑗是我生平杰作，锺书认为"可造之材"，我公公心目中的"读书种子"。她上高中学背粪桶，大学下乡下厂，毕业后又下放四清，九蒸九焙，却始终只是一粒种子，只发了一点芽芽。做父母的，心上不能舒坦。

痛惜，遗憾，却仅仅说了"心上不能舒坦"这么一句。是无言的悲伤？还是作者一贯的文字风格？令人心中隐隐作痛！

　　杨绛先生的文字，也并不总是这样淡然。她在《傅译传记五种 代序》一文的结尾，有这样一段话：

　　傅雷翻译这几部传记的时候，是在"阴霾遮蔽整个天空的时期"。他要借伟人克服苦难的壮烈悲剧，帮我们担受残酷的命运。他要宣扬坚忍奋斗，敢于向神明挑战的大勇主义。可是，智慧和信念所点燃的一点光明，敌得过愚昧、褊狭所孕育的黑暗吗？对人类的爱，敌得过人间的仇恨吗？向往真理、正义的理想，敌得过争夺名位权利的现实吗？为善的心愿，敌得过作恶的力量吗？傅雷连同他忠实的伴侣，竟被残暴的浪潮冲倒、淹没……

这是杨绛先生的所有作品中十分罕见的一段激烈、犀利的文字，也正因为有这样的文字在我们的阅读记忆之中作为参照，我们才更加觉得《我们仨》《干校六记》的平淡的回忆，意味深长，另有动人的力量。

二、《听杨绛谈往事》

《听杨绛谈往事》果然是一本好书！风格恰如书名，平实、恰当——始终保持一个关系亲密的晚辈的身份"听"一个饱经沧桑的睿智的老人"谈往事"，不越位，不喧宾夺主，更不炫耀什么"秘闻""独家采访"之类来糊弄好奇的读者。当然，这是就欣赏而言。研究者自然更关心"往事"的史料价值，即使一般读者也可能因此对钱锺书、杨绛的著作有新的、深入的理解。

比如谈到钱锺书的读书"体会"："一本书，第二遍再读，总会发现读第一遍时会有许多疏忽。最精彩的句子，要读几遍之后才会发现。"（第110页）钱先生固然是惊人的博闻强记，但被说成"过目不忘""照相机般的记忆力"，也夸张得离谱，因此这句话读来实在亲切，反过来说，连钱先生那样的好记性都"要多几遍"，何况我们这些忘性大的一般读者？更不必说钱先生竟然是那样的勤于"笔记"，并且还一再改正、补充。细心的读者对"最精彩的句子"一句，恐怕别有会心，因为他的作品中不仅妙语连篇，而且旁征博引古今中外的典籍，这种风格恐怕与他特别会心那些"最精彩的句子"有关。说得出"精彩的句子"固然靠的是机智与文心，而欣赏也缺一不可，如此方可臻于阅读与欣赏的妙境。与此相关的另一细节是：杨先生说"锺书在上海和英国人谈学问，颇有约翰生气概"（第111页）；西南联大的学生说"钱师喜欢约翰生博士谈话多妙语警句，其实钱师谈话也每多妙语"（第161页）。这也是一条重要的史料，可以佐证钱锺书的典型文风之一——妙语连篇因而机智、生动、幽默，甚至锋芒凌厉，这种铺张豪华、才气逼人的风格不令人想到约翰生博士么？

钱先生成名最早的其实不是今人津津乐道的学术与小说、散文的创作，而是旧体诗，远在清华大学的本科时代，受到当时诗坛宿旧陈衍的赏识。有朋友开玩笑说，研究钱锺书的学术与小说，不过俗学而已，言下之意能欣赏《槐聚诗存》乃真懂钱锺书也。此说不免偏执，但却是直指目前学术界的软肋——我们这些"共和国"学人之于旧体诗词，读懂且难，谈何欣赏？钱先生的诗当然写得好，但杨先生说："锺书不是大诗人，但评论诗与文都专长。"（第109页）这恐怕是至今所见到的最准确、最平实的评价，也印证了我印象深刻的程千帆的评语。上文谈到的钱先生的机智、才气之文风，恐怕影响了他的诗艺。中国诗词，蕴籍、隽永为其特质，机智、才气不免伤气。钱瑗曾经对他爸爸说："妈妈的散文像清茶，一道道加水，还是芬芳沁人。爸爸的散文像咖啡加洋酒，浓烈、刺激，喝完就完了。"（第348页）文章如此尚且可以欣赏其酣畅淋漓的风格，而诗若如此就不是中国诗固有的诗味了，即使写得好的如聂绀弩的作品，毕竟也只是以偏锋见长，终究不是正格，文学史上的"唐宋诗之争""以文为诗"之说，均源于此。这次读《听杨绛谈往事》，书中引述的诗句，因为可以"知人论世"，自然比读诗集要亲切得多：

> 海客谈瀛路渺漫，罡风弱水到应难；
> 巫山已似神山远，青鸟辛勤枉探看。
>
> 良宵苦被睡相谩，猎猎风声恻恻寒；
> 如此星辰如此月，与谁指点与谁看。（第81页）

这是30年代初写给杨先生的情诗，借镜李商隐的"无题"诗体，连诗句也直接脱胎而来，旬为情诗的正格，和典型的《槐聚诗存》中的作品出入宋诗的风味大不相同。而30年代末在西南联大写的"万念如虫竞蚀心，一身如影欲依形"（第152页），也是思念的情怀，却是典型的宋诗风格，以骨力见长。

书中也有关于《围城》的议论，作者说："最重要的是她（按，杨绛）指出，方鸿渐的性格是被动的，什么都不主动。……钱锺书也强调'方鸿渐是个被动的主角，Things happen to him'。"还引述杨先生给电视剧《围城》的题词："围在城里的人想逃出来，城外的人想冲进去。对婚姻也罢，职业也罢，人生的愿望大都如此。"并且这样解释说："意思是《围城》的含义，不仅指方鸿渐的婚姻而言，更泛指人性中的某些可悲因素，就是对自己处境的不满心理，所谓'东山望得西山高'。钱锺书很赞同杨绛的解析，并且引王国维《红楼梦评论》中称引叔本华的一段话来佐证。"关于《围城》的主题，论说纷纭，愈见深刻，其实还是杨先生的这个解释更为朴素、准确，"题词"对书名"围城"这个隐喻的阐释，尤其精彩。

近年来，关于钱先生的"政治表现"颇有非议。本书中相关内容不少，比如：

对政治夸夸其谈，不是钱锺书的风格。以钱先生对社会政治的极度清醒，对人间世态的深悉洞察，不论会上会下，谈话决不直接涉及政治。即使是学术讨论，一旦牵入政治，钱先生即三缄其口，绝不发言。

钱先生有自己的处世原则，他说过：If we don't have freedom of speech, at least we have freedom of silience. 多少年来，他保持沉默，不做颂圣诗，不做歌德式表态，但也谨言慎行，从不贸然就政治发表意见。（第276页）

钱先生在学术上有时表现得十分狂傲，而其政治表现却"谨言慎行"，然而决非犬儒主义，须知在那样高压政治环境中能够"保持沉默，不做颂圣诗，不做歌德式表态"并不容易做到，"狷者有所不为"，此之谓也？没有理由要求人人都做"政治斗士""思想界战士"，不能拿这种高标准要求每一个人，否则就连鲁迅也说那是叫人白白送死，而"有所不为"则是知识分子的基本底线，钱先生不仅坚守了这条底线，而且在"主人端要和声多"的年代"保持沉默，不做颂圣诗，不做歌德式表态"，自有其独特的风骨。

"谈往事"，诚为信史；"听"而"述而不作"，不故作解人。《听杨绛谈往事》大有可观。

对一位前辈史学家的敬意

——田余庆的史学思想及其陈寅恪论

　　田余庆先生的《秦汉魏晋史探微》，如书名所示，是一部对秦汉魏晋史的具体而深入研究的论文集，但文集的最后两篇文章，《魏晋南北朝史研究的回顾与展望》和《消除"代沟"，共同前进》，是会议的"发言"和杂志的"笔谈"，不仅不是论文，并且与文集的"名""实"均不太吻合，对此，作者在书后的"重订本跋"有所说明，但是，这两篇文章却使我们看到了田余庆对陈寅恪的理解，并集中体现了田余庆先生的史学思想。

　　在《魏晋南北朝史研究的回顾与展望》中，田余庆这样评说陈寅恪的学术个性、成就和影响：

　　　　陈寅恪先生具有爱国思想，具有正直的士大夫情操和博学深思的中国文化习养。他在学术研究方面虽然保持着传统史学的风貌，但是他的史学思想和史学方法却具有全新的内涵。他着眼于较长的历史过程，在较高的层次上探讨魏晋南北朝历史的脉络所在，提出并解答了许多前人的认识所不能及的问题。他重视以不同的种族、家族、地域、文化为背景的社会集团的活动，从中发现历史的联系和推移，并以之解释各种纷繁的历史现象。他师承乾嘉而又不拘泥于乾嘉，在魏晋南北朝史的研究中奠定新基础，开辟新途径，起了划时代的作用。陈寅恪的研究影响了几代史学工作者，近几十年来国内研究魏晋南北朝史最有成就的学者，几乎都是陈寅恪的弟子或私淑弟子，而他们的研究工作，基本上都是在陈寅恪的启发下或者是在陈寅恪的基础上进行的。

这段话极其精确，即使"爱国""正直""博学""深思"这样通常出现在套话中的陈词，也用得十分准确而贴切，而"士大夫情操""中国文化习养"不正是陈寅恪的文化品格吗？田余庆应当也是陈寅恪的"私淑弟子"，并且是著名的《东晋门阀政治》的作者，所以他所谓的陈寅恪的学术成就和影响，自有其精深的专业眼光，说得这样真切，远非行外学者所能及。

这么多年来的"陈寅恪热",说了那么多的溢美之词,很少有这样切实、准确的评论,虽然田先生的评论几近三十年了。

田先生最后还说:"一需要功力,一需要思想,思和学相辅相成。陈寅恪取得丰硕的成果,原因也在这两个方面。"这是很准确的概括,也是一切杰出学术成就的"原因",但是,话虽然说得很平实,却是将"功力"放在"思想"的前面,当作是第一位的"原因",其实是耐人寻味的。20世纪80年代中期,中国学术界有"新思想""新方法"之"热",90年代又有了"学术"耶"思想"耶之论,似乎总是不得学术之门,说到底其实都是"槛外人"语,议论的不是问题的问题。田先生在《消除"代沟",共同前进》中回顾"近代学术的发展",有这样一段话:

> 教训之一就是,理论浮夸风曾使史学研究吃过大亏,千万要注意防止。任何新思想、新方法,即令都很正确,我们对它的内容有充分的理解,对它的作用也有恰如其分的估计,即令如此,也不能代替每个人扎扎实实的、坚持不懈的具体研究。

其实这里说的"理论浮夸风"是有明确所指的,说"吃过大亏"，一点也不为过，田先生在此含蓄地表达了他的"沉潜具体研究"。可见在田先生的学术思想中，强调"功力"、强调"具体研究"是第一位的。

强调"功力"，强调"具体研究"，并不是无视"思想"、忽略"方法"。问题在于，"思想""方法"不只是在理论探讨中获得的。因此在田先生看来，与其讨论"思想""方法"，还不如从"丰富的典籍和研究成果"入手："历代史家潜心著述，磨练出严谨地对待史料的成套方法，讲究扎实的基本功和深厚的史学根柢，并且凝聚为实事求是的传统学风"，这才是我们应当"尊重"的"传统"。这里，田先生又一次说到陈寅恪：

　　善于借鉴的人，并不以术语、概念取胜，而是将借鉴来的新思想、新方法化为自己的思想和方法，用在具体的研究之中。例如治魏晋南北朝隋唐史最有成就的陈寅恪先生，他发挥中国史学的传统优势，汲取西方近代史学的思想和方法，融会贯通而又不露痕迹。有时他仅仅根据并不罕见的史料，以之论证历史问题，却能见人之所未见，发人之所未发。他并不多用外来术语，不自诩某学某论。他撰文著书，体裁风貌陈旧，当然不足为法，但无碍于其内容之新颖。他的思想和方法使人感到是中国产品而非舶来品，舶来品已中国化了。

这是对陈寅恪学术研究和著述的特征的最准确说明，也是田先生的史学思想的表现。

田先生的这两篇文章，合而观之，既可以看作是他的陈寅恪论，也可以看作是他的史学思想的自述，这是一位史学家对一位前辈史学家的深深敬意，令人感怀。田先生的魏晋南北朝史研究，成就卓著，窃以为，著作如《东晋门阀政治》，论文如《〈隆中对〉再认识》《孙吴建国的道路》《暨艳案及相关问题》等，深得陈寅恪史学之神韵；进而言之，田先生当属陈寅恪"私淑弟子"的第二代学者，并且是这一代中陈寅恪之后的魏晋南北朝史研究成就最大者。第一代的应该是唐长儒吧？而周一良，学识绝佳，本来应当陈寅恪之后的魏晋南北朝史研究的第一人，可惜的是直到晚年才得以致力旧业，勉力完成《魏晋南北朝史札记》，恐怕是乾嘉殿军而已，似不及《东晋门阀政治》能较乾嘉诸老更上层楼。

张爱玲对周作人文章的欣赏

"张爱玲与周作人"，这个题目是可以做出很有意义的论文的；读张爱玲的散文，总有一种十分熟悉的感觉，那种"苍凉"的人生感受与"别致"的审美情趣，精神上与周作人是很有相近之处的。不过这不是这样一篇"随笔"所能细说的。

近读张爱玲的散文《〈亦报〉的好文章》，我惊讶地发现张爱玲对周作人文章的称赞：

报纸是有时间性的，注定了只有一天的生命，所以它并不要求什么不朽之作，然而《亦报》在过去一年间却有许多文章是我看过一遍就永远不能忘怀的。譬如说十山先生写的有一篇关于一个乡村里的女人，被夫家虐待，她在村里区里县里和法院里转来转去，竟没有一个地方肯接受她的"控诉"，看了这篇文章，方才觉得"无告"这两个字的意义，真有一种入骨的悲哀。

这里所说的"十山先生"之"十山"，就是周作人在《亦报》上发表随笔时所用过的笔名，查陈子善先生编的《知堂集外文·〈亦报〉随笔》，张爱玲所指的当为《妇女会的工作》一文，发表于1950年6月22日。"无告"二字，正是周作人在文章中的用语，出现在转述那个妇女悲惨遭遇之后的一段议论文字之中：

> 我想起古文中"无告"这一句话来，觉得这简单冷酷的二字实在能具体地表示她在村、区、县及法院转来转去的情状，在她走到报社之前寻找了多少人，可是谁都不理她，这是多么可悲的一个景况呀。

张爱玲因此从周作人所借用的"无告"二字中读出"入骨的悲哀"，正与周作人"可悲"同慨。虽然妇女问题一直是周作人文章的一个重要主题，但这样慨叹"新中国"妇女的遭遇，并且说是"有感于乡村妇女的无告状况相当普遍"，则是因为他转述的这个妇女的"无告"的遭遇见于《人民日报》的报道，否则恐怕不会这样"放言"的吧，尤其是他当时那样的政治处境。尽管如此，"无告"二字恐怕还是隐含了深意的。周作人故意含混地说这两个字出自"古文"，我大胆推想，恐怕不是出典于《尚书》中的"不虐无告，不废困穷"，而是《孟子·梁惠王下》"天下之穷民而无告者"，那么周作人的深意就在于孟子紧接着这一句话之后的"文王发政施仁，必先斯四者"一句之中了，也就是说，虽然题目和文章的结论是"妇女会的工作""实有强化之必要"，其实没有明言的却是在于"新中国""新政权"之"政"。这样的分析，似乎有深文周纳之嫌，但周作人毕竟是20世纪少有的文章高手，言浅意深正是其文章的一大艺术特征啊。

张爱玲未必知道"十山"就是周作人的笔名，但她在说《亦报》中的"好文章"时，单举周作人的文章为例，可见其眼光，可见她对周作人文章的欣赏，而未必就是仅仅因为文章中转述的那个妇女的遭遇。张爱玲也是文章大家，我甚至一直以为她的散文比她的小说更为精彩，她之独赏"十山先生"的文章，良有以也。张爱玲的这篇文章，显然是《亦报》的约稿，并且恐怕也是她离开大陆前最后一篇公开发表的散文，时间是1950年7月25日。张爱玲是十分敏感的，置身于一个新的时代，她一定是冷暖自知，因而她在文中所谓的"入骨的悲哀"，显然不仅仅是就事论事吧。"时代"之感，在张爱玲文章中反复出现，比如《烬馀录》《自己的文章》，还有《我看苏青》。她在《我看苏青》中说：

> 她（按，苏青）走了之后，我一个人在黄昏的阳台上骤然看到远处的一个高楼，边缘上附着一大块胭脂红，还当是玻璃窗上落日的反光，再一看，却是元宵的月亮，红红地升起来了。我想道："这是乱世。"晚烟里，上海的边疆微微起伏，虽没有山也像是层峦叠嶂。我想到许多人的命运，连我在内的；有一种郁郁苍苍的身世之感。"身世之感"普通总是自伤、自怜的意思吧，但我想是可以有更广大的解释的。将来的平安，来到的时候已经不是我们的了，我们只能各人就近求得自己的平安。

这是张爱玲少有的对景抒情的文字，精彩之极。虽然是写于"乱世"的1945年，但这最后一句，既是自谶之辞，也是她1952年悄然离开大陆的自注。

董桥的"苍茫的留恋"

董桥的散文，大陆出版了多种版本。新近又出版了"自选集"三册，其中的《从前》一册，收录的是作者2001年写的"忆往小品"。作者自云："我顺着营造小说丝丝缕缕的敏感追寻走过的从前，烟柳拂岸，暮云牵情，笔底斑驳的记忆和苍茫的留恋，偶然竟渗出一点诗的消息。"情感和文字的特征，尽在这一段自述之中。"斑驳的记忆和苍茫的留恋"足已动人，"诗的消息"倒在其次了。

《风萧萧》追叙的是在伦敦一家旧书铺买笔筒时与一位英国女子相识后的断断续续的交往，结尾一段云："快十三年了，竹刻白菜和花卉两个笔筒一直静静摆在我的玻璃书橱里。每一次拿出来把玩，我想起的是二十多年伦敦古玩铺里那张甜甜的容颜，心中飘起萧萧的冷风。"这就是作者所谓的"苍茫的留恋"吧？那笔筒未必如何，关键是它成了某种情感、记忆、经历的载体，一个意味深长的象征，正如普鲁斯特所说：

"我们生命中每一小时一经逝去，立即寄寓并隐匿在某种物质对象之中，就像有些民间传说所说死者的灵魂那种情形那样。生命的一小时被拘禁于一定物质对象之中，这一对象如果我们没有发现，它就永远寄存其中。我们是通过那个对象认识生命的那个时刻的，我们把它从中召唤出来，它才能从那里得到解放。"（《驳圣伯夫·序言》）

《旧日红》开篇一句就是"我偏偏爱说我是遗民"，出语惊人，十分奇峭，却原来是对几柄旧折扇的感慨，接下来的一段话才说出这句话的来历："劫后的意识形态，值得依恋的正是这些残留的旧时月色，跟卧薪的忧郁倒是没有干系了。不必效魏国管宁之安复社稷，不必效徐广收泪抱怨'君为宋朝佐命，吾乃晋室遗老'，那些都是末朝政治消渴病人，喜欢隔帘偷窥新贵的宠妾，为了撩来翻跹的绮思。文化遗民讲品味，养的是心里一丝傲慢的轻愁：急管繁弦杂梵声，中人如梦又如醒；欲知此夜愁多少，试记街前长短更。"文字拖沓、繁缛了些，情怀也渲染太过，"品味"倒是动人得很。一篇读下来，才知道追叙的是对"萧姨"的"情结"："萧姨跟老师同龄，长年穿着浅色丝绸旗袍，花白的头发梳得丝丝服帖，圆圆的发髻永远插着一枝翡翠发簪，宽宽厚厚油绿得谁舍不得雕琢，只沿着四围阳刻一道细致花边。我忍不住赞美两声，萧姨乐透了：

'傻小子，这叫大雅不雕，内府的上好水种啊！等你讨个俏媳妇儿萧姨送你做聘礼！'……萧姨天天拜佛画画吟诗吃燕窝，细腻的粉红肤色衬着精巧端庄的五官，简直钱慧安的淡彩工笔仕女。"而在《砚香楼》里，追叙记忆中的"顾小姐"，文字则更加摇曳，以"听说，她是一九四五年抗战胜利之后南京风月场上的交际花"开头，一句一个"听说"排比下来，两个段落，最后一句是："听说，她对南来的旧日姐妹说：'没有了东林，没有了复社，我们真成了落寞的葛嫩、董白、寇湄、李香了！'"有了董桥"笔底斑驳的记忆和苍茫的留恋"，"顾小姐"并不多么"落寞"啊。

最后一篇《字里秋意》说到《百年文人墨迹》一书，对袁寒云的字和诗，十分称赏，使得我在古旧书店里高价买了一函线装宣纸影印本《寒云日记》。文章最后有这样一段文字：

> 《百年文人墨迹》里一百三十来位文人的政治立场和思想信仰不尽相同，相同的是他们一起见证了国族的百年痛史。这些墨迹其实既是百年青史的眉批，更是风雨名士的笑声和泪影。苏步青一九九〇庚午年抄一九四八戊子年的旧作："草草杯盘供一欢，莫因柴米话辛酸；春风已绿门前草，且耐余寒放眼看！"

邵燕祥一九八六丙寅年抄己巳年的旧作："从今谁复
补苍天，梦里星芒坠百年；文字焚余呈妩媚，笙歌劫
后变疑嫌；耻同魑魅争光焰，甘以锱铢点俸钱；天若
有情天亦老：茴香豆馋李龟年！"

这才是董桥"文化遗民"的"品味"中最重要的一"味"吧？
这里引述的两首诗，我以前并未读过，沉思作者那时抄写旧作
的情怀，久久难以释怀。

我眼中的那场"小小的风波"

既然鲲西先生的文章引起了讨论（见《文汇读书周报》730、737、738诸期），我也凑一回热闹。我的想法，也缘于鲲西先生文中那段"引起争议"的话：

> 由于显然的道理，三十年代中的民族危机，倡导性灵闲适以及公安竟陵者很容易被远比它更强的声音所压制。至今人们没有对三十年代上海文坛发生的这一场小小的风波认真思考过。要加以审视不能忽略那个时代的背景和气氛，即强大的左翼阵营的存在。

"道理"大体是对的，并且我也大致同意绪源先生《我所理解的"压制"与"异化"》一文的观点，但"史实"却不尽翔实。其实，20世纪30年代"那一场小小的风波"，并不仅仅是在"上海文坛发生的"。抄引、排比几条材料如下——

沈从文在批评"海派"时，有一篇文章题为《谈谈上海的刊物》。在称道《中学生》《译文》这两个严肃杂志之后，笔锋一转，严厉地批评说："至于《论语》，编者的努力，似乎只在给读者以幽默，作者随事打趣，读者却用游戏心情去看它。它的目的在给人幽默，相去一间就是恶趣。"文章的结尾一段，又说到《人间世》，则直指林语堂提倡的"性灵"：

> 它的好处是把文章发展出一条新路，在体制方面放宽了一点，坏处是编者个人的兴味同态度，要人迷信"性灵"，尊重"袁中郎"，且承认小品文比任何东西还重要。真是一个幽默的打算！……作者"性灵"虽存在，试想想，二十来岁的读者，活到目前这个国家里，哪里还能有这种潇洒情趣，哪里还宜于培养这种情趣？

再看第二条材料，是朱光潜的"一封公开信"——《论小品文》，写于1936年1月，朱光潜说：

> 《人间世》和《宇宙风》所提倡的小品文，尤其是明末的小品文，别人的印象我不知道，问我自己的

良心，说句老实话，我对于许多聪明人大吹大擂所护送出来的小品文实在看腻了。……我并不反对少数人特别嗜好晚明小品文，这是他们的自由，但是我反对这少数人把个人的特殊趣味加以鼓吹宣传，使它成为弥漫一世的风气。晚明式的小品文聊备一格固未尝不可，但是如果以为"文章正轨"在此，恐怕要误尽天下苍生。

朱光潜进而严厉地批评"幽默"的小品文：

现在一般小品文的幽默究竟近于哪一个极端呢？滥调的小品文和低级的幽默合在一起，你想世间有比这更坏的东西么？

这就和沈从文所谓的"恶趣"合为是一个意思了。而文章的结尾，朱光潜也和沈从文一样，说到"社会影响"：

我到东安市场书摊上闲逛，看见"八折九扣"的书中《袁中郎全集》和《秋水轩尺牍》《鸿雪因缘》之类的书籍摆在一块，招邀许多青年男女的好奇的视线。……我回头听到未来大难中的神号鬼哭，猛然深深地觉到我们的文学和我们的时代环境间的离奇的隔阂。

第三个例子，是朱自清《什么是散文》一文中的话，写于1935年7月。其中在谈到"风行一时"的小品文时，这样说道：

这种散文的趋向，据我看，一是幽默，一是游记、自传、读书记。若是走向幽默去，散文的路确乎更狭更小，未免单调；……读书记需要博学，现在几乎还只有周启明先生一个人动手。游记、传记两方面都似乎有很宽的地步可以发展。

这段话显然对林语堂等人提倡的小品文，提出了批评；后面几句话，尤其耐人寻味，将林语堂提倡"幽默""性灵""闲适"，和周启明区别开来了。朱自清为人为文，均很严谨，这段话对"幽默"的小品文的批评，语气婉转，但意思与沈从文、朱光潜是近乎一致的。

上面三条材料说明，对林语堂的批评，并不仅仅发生在"上海文坛"，也有来自北平的"京派"的批评。这个历史事实鲲西先生没有提到，其实许多文学史研究者亦未充分重视。当然，"京派"的批评和鲲西先生所说的"左翼阵营"的批评，大有区别。前者在文学的范围内进行学理的讨论与文学现象的批评，当然谈不上是"压制"与"异化"；至于后者，记得卞之琳先生在一篇回忆30年代文坛旧事的文章中说，是"'左'得不可一世"，也就与鲲西先生所谓的"压制"，庶几同义。

加上鲲西先生所说的"压制"，连同来自北平的"京派"的批评，就是我眼中的30年代文坛的"那一场小小的风波"了。

通往"地狱"的"心路历程"

　　现代有著名的词人，也有著名的词学家，但像龙榆生这样既有学问又有才情的著名词学家、词人，并不多见，然而其平生出处遭际，却又是那样的实在令人费解。虽然我知道，晚清以降，从郑孝胥、刘师培往下数，是一串长长的"失节"者的名单，但是，象龙榆生那样先在1940年"失节"，后在1957年竟然尚有资格被打成"右派"，恐怕是十分罕见的；虽然如周作人在1949年以后也曾不甘寂寞，甚至"上书"最高当局，但似乎尚能冷暖自知，有所退避，而龙榆生却在1949年以后竟然那样"热中"，以诗词"干谒"，由上海而北京。钱锺书在1952年的回信中说，"吴梅村诗云'不仕岂能追圣代，无官敢即傲高眠'，道尽吾辈情事"，其中深意虽然十分明了，但龙氏显然是又一次并未听从规劝。

　　读《龙榆生先生年谱》，庶几可以看到与谱主外在遭遇息息相关的"心路历程"，令人久久难已释怀。

——且说1940年前后的故事。

1940年3月29日，汪精卫伪国民政府成立于南京；4月2日，龙榆生被任命为立法院立法委员。尽管这一任命之前，龙氏几无所知，但是，其"不甘寂寞"的心怀，却是此前已经当面对汪精卫有过相当的表白。据龙氏自述，1939年冬，"汪精卫从河内转来上海，我在《中华日报》上读到他的《落叶词》，不免引起若干同感"，并且有了相当深入的交往。1940年的春节前后，和汪精卫见面时，"我那时却以为他是抱着'我不入地狱，谁入地狱'的精神来搞这一套的。我只是担心他要上日本人的当，不免遭到郑孝胥同一的命运，婉劝他得慎重一些"。3月初，汪精卫的秘书请问去南京任职，龙氏表示："我是一个无用的书生，只希望有个比较安定的地方，搞点教育事业。"（以上俱见《自传》）很显然，事已至于此，龙氏将在汪伪政府中究竟任何职位，已经不太重要了，重要的是他已经有了"出山"的表示，心目中已经有了此时汪精卫的词典里的"下地狱"这一"关键词"。

任伪职一事公开后，朋友中间自然有了非议。但是，据说龙氏在"一夜痛哭之后"，离沪赴宁；较为生动的说法则是："榆生先生多夜不能交睫，忧思冥想，终抱万死不屈之心，存万一有可为之望，以为'我不入地狱，谁入地狱'，便鼓勇尝试。"（任睦宇《悼念龙榆生先生》）而有据可查的事实是，龙氏在赴任之际，四处致函解释此事，有"胃病大发，医谓非休业不可，而家口嗷嗷，无以为活，出处之际，非一言所能尽"（《天风阁学词日记》）云云。其实，"胃病""家口"毕竟"事小"，"我不入地狱，谁入地狱"真正"事大"，有意味的是龙氏到底不敢在老朋友那里以悲壮自欺欺人。——这样，"下地狱"就由"心动"而"行动"了。

尽管在朋友中得到一二谅解，甚至有呼应者作"知台从莅白下，方欲驰函，乃蒙枉翰，喜抃何似"（黄孝纾）之覆，但是，气节之士，叹息者有之，严辞规劝者亦有之：夏承焘在作品中一再讽喻之，其《洞仙歌》云，"莫问我天涯岁寒心，忍满面风霜，与春回避"；钱锺书诗云，"负气声名甘败裂，吞声歌哭愈艰难"（《得忍寒金陵书》）。尤有意味者，则是吕碧城的回函，略引如下：

来缄所述窘境，凡存心忠厚者，当能原谅。佛说世事如梦幻泡影，不必深论。倘能以皈依三宝自鸣，则以佛徒之立场，不受世法之界限。桑榆之收，莫善于此。顷有友人谈及，城亦持此论，非以虚言奉慰也。如能真实归佛，则于世事一切能安心

自觉，另换一个天地，将来尤获益无穷，尚希有以
自解，勿徒戚戚。

"凡存心忠厚者，当能原谅"之说，为"我佛慈悲"之意，即
所谓"佛徒之立场"，而非"世法之界限"中语。虽然以"佛
徒之立场"可以"不必深论"，但"世法"如何"原谅"、宽
恕？吕氏虽然已经皈依佛门，但她的这封信，似乎并非完全是
"出家人"语，而是充满"机锋"的，其中深意，令人三思。
　　——然而，毕竟是覆水难收，已经"下地狱"了！

"红楼识小录"

（一）

　　钱锺书《谈艺录》云："木石姻缘，侥幸成就，喜将变忧，佳耦始者或以怨耦终"（补定本，第349页）。此论极是，故钱氏针对王国维的《论红楼梦》所本之叔本华哲学之理论前提，更作胜论云："苟本叔本华之说，则宝黛良缘虽就，而好逑渐至寇仇，'冤家'终为怨耦，方是'悲剧之悲剧'。然《红楼梦》现有之收场，正亦切事入情，何劳削足适履。王氏附会叔本华以阐释《红楼梦》，不免作法自毙也。"（第351页）然而，"《红楼梦》现有之收场"为什么"正亦切事入情"，钱氏并没有说明。其实，原因就在于《红楼梦》不是一部"现实主义"的悲剧小说，而"木石姻缘，侥幸成就，喜将变忧，佳耦始者或以怨耦终"，恰恰是"现实主义小说"的写法。

(二)

林黛玉"葬花",一奇也,其《葬花词》,又一奇也。这实际上是由《诗·幽风·七月》之"春日迟迟,采蘩祁祁,女心伤悲,殆及公子同归"所形成的文学传统而来的。钱锺书《管锥编》对这个文学传统,分析详细(第130—133页)。略言之,《诗经》之后,"女心伤悲"者,由"桑"而"柳",且由游眺代劳作,若曹植《美女篇》之"美女妖且闲,采桑歧路间",张仲素《春闺思》之"袅袅城边柳,青青陌上桑,提笼忘采叶,昨夜梦渔阳",王昌龄《闺怨》等;进而由花草而"女心伤悲"者,若李清照《如梦令》词,则又由拟想代游眺矣。但是,《红楼梦》更直接的来源,则是戏曲《牡丹亭》,有意思的是,《牡丹亭》第十出"惊梦"中杜十娘之"伤春"——"原来姹紫嫣红开遍",正是与《诗经》有关:腐儒陈再良授杜十娘《诗经》,"敷演大意"(第七出),又自矜"六十岁来,从不晓得伤个春"(第九出)。

（三）

　　关于"木石前盟"，见于第一回甄士隐的梦中的所谓"神瑛侍者"与"降株草"的故事。脂批云："以顽石草木为偶，实历尽风月波澜，尝遍情缘滋味，至无可如何，始结此木石因果，以泄胸中悒郁。古人之'一花一石如有意，不语不笑能留人'，此之谓耶?"此固一解也，但"灌溉之情"云云，亦让人想起嵇康《养生论》中所谓的"一溉之益"之说："夫为稼于汤之世，偏有一溉之功者，虽终归燋烂，必一溉者后枯。然则一溉之益，固不可诬也。"又，《红楼梦》的这一离奇的神话故事，也可以看作"性隐喻"。《西厢记》第四本第一折张、崔幽会，有"滴露牡丹开"云云。再者，《红楼梦》的这个神话，也让人想起《圣经》上的"失乐园"故事，只是"神瑛侍者"和"降株草"有了这一段故事之后，曾经沧海，"性欲"已经净化，只剩下"情欲"了，准确地说是有"情"而无"性"了。所以，修改《芙蓉女儿诔》时，令林黛玉"怵然色变"的那一句"茜纱窗下，我本无缘；黄土垄中，卿何薄命"，就是他们的宿命；此处的"无缘"就是没有尘缘的意思，因为男女"尘缘"是包含"情"与"欲"的整体。又，"茜纱窗下，我本无缘"，也让人想起《西厢记》同一折中的一句话，"今宵同会碧纱厨，何时重解香罗带"；只是"碧纱厨"换成了"茜纱窗"。《红楼梦》中这种暗用《西厢记》的例子，似乎至今尚未引人注意。

曹雪芹偏爱的对句

每一个优秀诗人都有自己的文体风格。就中国古典诗人而言，由于律诗的独特的格律，因而某种对句的句式可能在他的作品中反复出现。这可能是偏爱，也可能是文体特征，甚至有可能是自我蹈袭——比如陆游，清代沈德潜在《说诗碎语》，今人钱锺书先生在《谈艺录》中，均指出过这个问题。

《红楼梦》第十七回，题大观园诸景匾额，贾宝玉题"沁芳亭"的对联云："绕堤柳借三篙翠，隔岸花分一脉香。"两句紧扣"沁芳"二字，对仗工整恰当，写景十分生动；难怪一向对宝玉声色俱厉的贾政，也不由得"点头微笑"。紧接着在"蘅芜苑"，陪同贾政的清客也拟了一联："三径香风飘玉蕙，一庭明月照金兰。"这显然是套用贾宝玉上面一联的句式而来的，只是变得十分俗艳。

第十八回，贾宝玉在《蘅芷清芬》一诗中，马上就套用自己的这一联，写出"软衬三春草，柔拖一缕香。"比较而言，诗中的这一联要差多了。

不仅如此，到了第三十七回，林黛玉《咏白海棠》诗中，竟然也有句式完全相同的两句："偷来梨蕊三分白，借得梅花一缕魂。""三分"成了口语，"偷来""借得"则是俗语了，与全诗并不十分谐和；这只能说明林黛玉艺高人胆大而已。

还有，第三十八回，史湘云《供菊》诗中的句子："隔坐香分三径露，抛书人对一枝秋。"这似乎是"沁芳亭"的那一联以后的诸联中，最好的一联了，在诗中也被安排得恰到好处。

这样看来，倒不是贾宝玉，而是作者曹雪芹偏爱这种句式。

蔡义江先生在《红楼梦诗词曲赋评注》中，对林黛玉《咏白海棠》诗中的这两句的注释，先引宋代卢梅坡《雪梅》诗句"梅须逊雪三分白，雪却输梅一段香"，再引曹寅的"轻含豆蔻三分露，微漏莲花一线香"诗句，最后认为上面两联"可能都为这一联所借鉴"。这一条注释真精彩，并且为我们提供了上文提出的问题的答案。曹雪芹偏爱并一再重复的这种句式，原因尽在蔡先生发现的这两条材料之中。我想，不管曹雪芹是否借鉴了卢梅坡，他读过祖父曹寅的诗集，则是可以肯定的。

其实，不仅是句式的问题，上面所引的这几联，意思也几乎一样，都是写草木的色与香。因此，据实而言之，这实际上重复，或曰自我蹈袭。并且，在我看来，除了对联以外，以后在诗中出现的对句，均不见佳。这颇让人疑惑：天才如曹雪芹，何至于此？更进而言之，曹寅和卢梅坡的诗句，也未见佳；尤其是卢梅坡的诗句，尖新、机巧而已，没有什么了不得。

也许，这并不是偶然的。

第五十回"芦雪庵争联即景诗"，全诗和历史上所有的联句之作一样，算不上什么艺术作品；只是将"争联"这一情节写得很生动而已。其中虽然偶有佳句，但正如清代一个署名"野鹤"的人在《读红楼梦札记》说："黛玉联句中既有'斜风仍故故'，又有'无风仍脉脉'，断无此复叠之法。雪芹于此似欠检点。"在我看来，原因其实就在于曹雪芹太偏爱这个句子了，以至出现不应有的重复（"复叠"）。这，恐怕不能解释为人物（林黛玉）方面的原因。

再看一例。还是第十七回，贾宝玉给"蘅芷清芬"匾额所拟的对联是："吟成豆蔻才犹艳，睡足荼蘼梦也香。"这是典型的"香奁体"的诗句，十分香艳，作为即将迎接"贵妃"的"大观园"的楹联，似乎也并不得体，奇怪的是贾政竟然没有斥责，反倒是"笑着"指出其出处："这是套的'书成蕉叶文犹绿'，不足为奇。"大概是贾政难得有一次揭出儿子的老底，一时得意而不及细想罢。其实，此前贾宝玉给"有凤来仪"匾额题的那一联"宝鼎茶闲烟尚绿，幽窗棋罢指犹凉"，更像是套用那一句而来的。这两联不仅是同一出处，句式完全一样，而且更像是一首诗的中间两联。看来，曹雪芹是十分喜爱、得意这两联，就像对"沁芳亭"的那一联一样，毕竟"大观园试才题对额"是作者用力抒写的情节，第一次在读者面前展示自己喜爱的主人公的才华，目的就是给读者一个十分深刻的"第一印象"。

本文的结论很简单：纵然是天才，也有某种局限；尽管如脂批所云"亦有传诗之意"（第一回），但天才的小说家，未必一定是天才的诗人。

——当然，《红楼梦》中的诗文，是古往今来所有小说中最好的。

关于《红楼梦》诗话词话

一、林黛玉的《咏菊》云："一从陶令平章后，千古高风说到今。"这两句诗似从宋代王淇的诗《梅》的后两句化来的："不受尘埃半点侵，竹篱茅舍自甘心。只因误识林和靖，惹得诗人说到今。"又，李纨抽的那枝梅花签上题的那一句诗，就是这首诗的第二句。

二、林黛玉是写诗最多的人。写诗对她来说，其意义正如她在《咏菊》诗中所说："满纸自怜题素怨，片言谁解诉秋心。"和她截然相反，薛宝钗反复申说"一个女孩儿家"写诗是"不守本分"（第三十七、四十九回），并且还以这个道理来训导林黛玉（第四十二回）。林黛玉在诗中说"满纸自怜题素怨"，而她则有针对地在诗中说"愁多焉得玉无痕"（《咏白海棠》）。薛宝钗写诗是因为从众，从未有过林黛玉那样的抑制不住的创作冲动。林黛玉可以引为同道的，只有史湘云，并且两人的才华亦相当。思想也颇有气味相通之处，林黛玉诗云"孤标傲世偕谁隐，一样开花为底迟"，史湘云也在诗中说："傲世也因同气味，春风桃李未淹留。""凹晶馆联诗悲寂寞"，之所以是她们两人而不是别人，是很耐人寻味的。并且，香菱学诗，是她们两人热心指教，而不是住在一起的薛宝钗，也是耐人寻味的。

三、薛宝钗的诗论很有见地。蔡义江先生《〈红楼梦〉中的诗论选注》已辑出数条，分析得也很深入、充分；偶有遗漏，聊为续貂。第三十七回，"海棠诗社"要作《咏白海棠》，是李纨提议的，迎春道："（花）都还未赏，先倒作诗？"宝钗道："不过是白海棠，又何必定要见了才作？古人的诗赋，也不过都是寄兴写情耳，若都是看见了作，如今也没这些诗了。"薛宝钗的观点是正确的。非特"咏物诗"如此，即诗文中景物亦如此。钱锺书《管锥编 毛诗正义 淇奥》云："窃谓诗文风景物色，有得之当时目验者，有出于一时兴到者。出于兴到，固属凭空向壁，未宜缘木求鱼；得之目验，或因世变事迁，亦不可守株待兔。"

四、第十八回，贾元春命众人题诗，诸人所作，俱为颂歌。林黛玉竟然也写出"何幸邀恩宠，宫车过往频"这样阿谀逢迎的诗句，让人对她"傲世"的性格颇为失望。论者若是深究，恐怕更为失望。她作弊为贾宝玉代拟的那首诗，同样阿谀，而贾宝玉自作的两首，反倒无意逢迎，直抒怀抱。其实，倒是读者求全责备了。因为是"应制诗"，奉命而作，"载道"是为"得体"，此其一；复杂的性格才可能是深刻的，苛求的读者最易接受的其实是单一的性格，即福斯特所谓的"扁平人物"，此其二；真实生动的性格往往是复杂的，曹雪芹要表现的是血肉丰满的艺术形象，而不是概念化的类型，此其三。林黛玉的性格有"缺点"，思想怎么不可以有"缺点"？既不是人物思想的"局限性"，也不是作者思想的"局限性"——不存在"局限性"这个问题，这其实是个伪问题。嵇康尚且有那样的《与子书》，曹雪芹尚且"秦淮风月忆繁华"，林黛玉为什么不可以"颂圣"？

五、第十八回的那些"应制诗"，只有贾宝玉写的那两首几无"颂圣"气息，值得注意。不仅是他和其他人作品之间的差别，更为突出的还是他自己的两首和林黛玉为他代拟的那首之间的鲜明对照。我们可以将此理解为他的"孩子气"，也许在他眼里贾元春到底还是他的姐姐，而未必真正是面对"贵妃"的心态；也可以理解为他的那种"痴""狂"的习性之使然。反之，贾宝玉在贾元春的眼里，也非同寻常，何况他们姐弟的感情，也不同一般。因此，我们不能以他和林黛玉等人的作品之间的差别来褒贬人物。林黛玉替贾宝玉"代拟"的那首《杏帘在望》，不仅结尾一联——"盛世无饥馁，何须耕织忙"——是"颂圣"，而且全诗就是按照"应制诗"的套路来写的。这首诗和贾宝玉的那两首诗在思想内容上的区别，也大有玩味之处——比如，林黛玉是否低估了贾宝玉的"痴""狂"习性？

六、林黛玉《五美吟》是组诗，立意很新，值得注意。第三首是写王昭君的，题为《明妃》："绝艳惊人出汉宫，红颜命薄古今同。君王纵使轻颜色，予夺权何畀画工？"这是个老题目了，古今作者多矣，但这首诗还是有新意的。措意之处在第二句，而不是三、四两句，"红颜命薄古今同"，作者将王昭君的不幸命运，放在中国女性共同的历史命运中来立论。其次，是站在女性的立场上说话的，"红颜命薄古今同"的原因就在于女性处于男性社会中。其实，这也是《五美吟》总的思想主题。第四首题为《绿珠》，诗意尽在第二句，"何曾石尉重娇娆"，十分警策。《明妃》感叹女性是政治交易的牺牲品，《绿珠》则感慨女性是权势争斗的牺牲品。也就是说，在男性社会里，"红颜命薄"是一种被决定了的宿命，所以说"古今同"。这对我们理解林黛玉的思想性格，非常重要。我们不能完全将她的哀怨看作是自伤自怜，《五美吟》表明林黛玉的思想已经超越了对自我命运的感伤。另外两首诗——《虞姬》和《红拂》——都是对"女丈夫"的褒扬，并且这种褒扬又是通过与男性对照来表达的。《虞姬》云，"黥彭甘受他年醢，饮剑何如楚帐中"，这是说须眉不如红颜有气节。《红拂》云，"长揖雄谈态自殊，美人巨眼识穷途"，这是说红拂的识见在杨素之上。这和贾宝玉的思想，显然是一致的。第一首《西施》，似乎令人费解，因为作者曾说林黛玉"病比西施胜三分"，而林黛玉这首诗却是这样的："一代倾城逐浪花，吴宫空自忆儿家。效颦莫笑东村女，头白溪边尚浣纱。"恐怕我们不能死于句下，过于执着，"病比西施胜三分"的意思恐怕就是字面的意思，所谓"病美人"是也。"东施效颦"，历来都是贬义，林黛玉却力破陈义，别出新意为富贵不足羡，贫贱自可安，或者说倾城空薄命，丑丑自平安。就这组诗的总的思想主题而言，思想的焦点还是慨叹西施的遭际令人"可悲""可叹"（第六十四回），倾城之貌反而成为男权政治的牺牲品，和《明妃》的主题是一致的，只不过这首诗以东施来比照，从反面着笔。

七、《五美吟》出现在第六十四回，林黛玉是有特殊命意的，书中所谓"曾见古史中有才色的女子，终身遭际，令人可欣、可羡、可悲、可叹者甚多"，因而成诗五首，"以寄感慨"是也。我们记得，同在这一回书中，薛宝钗称赞"今日林妹妹这五首诗，亦可谓命意新奇，别开生面了"的时候，有一段长篇大论。她说："作诗不论何题，只要善翻古人之意。若要随人脚踪走去，纵使字句精工，已落第二义，究竟算不得好诗。即如前人所咏昭君之诗甚多，有悲挽昭君的，有怨恨延寿的，又有讥汉帝不能使画工图貌贤臣而画美人的，纷纷不一。后来王荆公复有'意态由来画不成，当时枉杀毛延寿'；永叔有'耳目所见尚如此，万里安能制夷狄'。二诗俱能各出己见，不袭前人。"这一段议论，理论是正确的，但也是常识，兹不赘论。问题是，王安石的这两句诗出于《明妃曲》的第一首，原题还有第二首，而欧阳修对王安石的这两首诗的和诗，也有两首，薛宝钗所引的两句诗出自第二首。也就是说，薛宝钗显然是知道王安石第二首诗的。王安石第二首诗中，有两句颇受人诟病："汉恩自浅胡自深，人生乐在相知心。"范元长（冲）对宋高宗论此诗，直斥为坏人心术，无父无君；蔡元凤

（上翔）《王荆公年谱考略》（卷七）虽多方辩护，然不能掩其疵也（参阅高步瀛《唐宋诗举要》卷三）。薛宝钗本来有许多现成的例子可举，为什么单举此例？曹雪芹有无隐含深意在其中？殊不可解。抑或笔者有求之过深之失？又，既然薛宝钗称道林黛玉这一组诗，那么，对第一首《西施》和第三首《明妃》，她亦当无异议，但我们知道，薛宝钗是"待选"之人，应当对这两首诗很敏感的。因此，曹雪芹在此有无深意呢？此亦不得胜解。

八、"正册判词"之一云："可叹停机德，堪怜咏絮才。玉带林中挂，金簪雪里埋。"第一、四两句指薛宝钗，第二、三两句指林黛玉。但就诗言诗，应是第一句和第三句呼应，第二句和第四句呼应。因此是否可以文心未密论之？抑或作者故意如此，以错综复杂而隐晦其意？

九、"正册判词"之一的最后两句，"玉带林中挂，金簪雪里埋"，和"红楼梦曲·终身误"中的"空对着，山中高士晶莹雪；终不忘，世外仙姝寂寞林"两句，是前后呼应的。后者容易让人想起明代诗人高启（季迪）的两句名诗："雪满山中高士卧，月明林下美人来。""林下"是《世说新语》中常见的词，和"世外"意思相近。说是脱胎而来，未必牵强。又，《渔洋诗话》卷上云，高启的这两句诗"亦是俗格"，很是。王渔洋论诗写诗，标榜"神韵"，惯以"雅""俗"二字论得失，虽反倒"落俗"，亦常有是处。再如他论柳宗元的名诗《江雪》"已不免俗"，亦极是。此诗有过于标榜之失，赏者之失则在于赏意而非赏诗。

十、关于史湘云的"判词"中云："展眼吊斜辉，湘江水逝楚云飞。"后一句显然是暗用了《高唐赋》中的巫山云雨的典故。前一句向不为人注意，我以为可能是暗用了温庭筠的《忆江南》词意，"展眼吊斜辉"是由温词中的"斜辉脉脉水悠悠，肠断白蘋洲"而来。史湘云婚后即夫妻离散，由此看来，"判词"中的这一句，和温词的意思也完全一致。

十一、第七十六回"凹晶馆联诗悲寂寞"，史、林二人联诗至"寒塘渡鹤影，冷月葬花魂"，各出妙句。这两句分别暗示各自的命运，一望而知。"冷月葬花魂"，首先让人想到《葬花词》，其实还有第二十六回关于林黛玉的联句与诗。联句云："花魂默默无情绪，鸟梦痴痴何处惊。"诗的后两句云："呜咽一声犹未了，落花满地鸟惊飞。"又，"葬花魂"一作

"葬诗魂"，显然是抄写有误，否则就于诗律有违，不对；且书中林黛玉明明有"叫我对什么才好？'影'字只有一个'魂'字可对"数语。再看"寒塘渡鹤影"一句。我们记得，关于史湘云的"判词"云，"展眼吊斜辉，湘江水逝楚云飞"；"红楼梦曲 乐中悲"亦云，"终久是云散高唐，水涸湘江"。虽然是"塘"而非"江"，"鹤渡"而非"云飞"，但我们大可不必死于句下。并且，"云"当然是指史湘云，但我们知道，在古代诗文中，"云""鹤"常常连用，所谓"野鹤闲云""云中鹤"云云。

十二、"寒塘渡鹤影"一句，诚如林黛玉所称赞的那样好，读者也很注意，正像人们所指出的那样，是有出处的，即杜甫《和裴迪登新津寺寄王侍郎》诗中的"蝉声集古寺，鸟影渡寒塘"的后一句，也有人认为与苏轼《后赤壁赋》中的"适有孤鹤，横江东来"一段有关。恐怕还是从杜诗来的，因为仅仅是"借句"而非"借意"，不是用典，不必斤斤计较"鸟"与"鹤"这种细微的差别。说是从《后赤壁赋》中来，也不是说不通，甚至还有这一句下面妙玉续的"萧增嫠妇泣"一句，作为旁证（《前赤壁赋》："泣孤舟之嫠妇"），但既然也不是用典，恐怕就没有这么复杂、曲折，因为杜甫的那句诗更为直接。

十三、"凹晶馆联诗",至史、林二人的那一联名句,已达高潮,妙玉续作,势已难以更上层楼,但其续诗,对于理解人物思想性格,还是很重要的。首先,其中连续出现"嫠妇""神鬼""虎狼"等令人骇然的意象,引人注目,可见其内心并非静穆。其次,"有兴悲何继?无愁意岂烦?芳情只自遣,雅趣向谁言"云云,可谓"未免有情",当以"六根未净"而视之。妙玉自称"槛外人",但由她这唯一的创作来看,她内心"情"与"理"的搏斗,十分激烈。又,这一回的回目云"凹晶馆联诗悲寂寞",妙玉当然是"联诗"者之一,那么,"悲寂寞"的也有她,而她的续诗也确实如此。史、林二人"悲寂寞"是情理之中的,妙玉作为"槛外人"也"悲寂寞",就令人深思了。还有,之所以"悲寂寞",是因为这是"中秋夜",因为史、林二人有感于别人一家欢聚团圆,感慨"你我旅居客寄之人"(林黛玉语)的不幸命运。但妙玉不也是寄居大观园的么?不也是从小就父母双亡的么?并且更为不幸,不得已而隔断红尘,连史、林二人那样的人间温暖也得不到。因此,作者在这一个特殊的环境中,将她们三人放在一起来写,一并以"同是天涯沦落人"而视之,对妙玉还是很同情的。

十四、妙玉的续诗中，有一联为"钟鸣栊翠寺，鸡唱稻香村"，将自己的住处和李纨的住处对举，恐怕不是偶然的吧，既非一时兴起，亦非因为诗意而凑句，颇值得玩味。又，书中还有一个人对稻香村颇有兴致，就是贾政，自诩有"归农之意"，这自然是伪饰。这些都必须和稻香村真正的主人李纨的性格、命运联系起来理解，方知作者以侧笔写李纨的妙处。

十五、"凹晶馆联诗悲寂寞"这一回，让人想到苏轼的《前赤壁赋》。尤其是林、史二人在联诗前的对话，大旨仿佛苏轼这篇赋中所谓的"苏子"与"客"的对话。

十六、贾政和贾赦对诗的态度，两相对照，大可玩味。贾政为一道学、腐儒，连圣人所谓的"多识于鸟兽草木之名"都忘了（第十七回）；官场失意，"名利大灰"，才想起自己"起初天性也是个诗酒放诞之人"（七十八回），此亦"礼教杀人"也。贾赦乃一纨绔弟子，不屑于诗文，其称道贾环云："想来咱们这样人家，原不比寒窗萤火；只要读些书，比人略明白些，可以做得官时，就跑不了一个官儿的。何必多费了工夫，反弄出书呆子来？所以我爱他（按，贾环）这诗，竟不失咱们侯门的气概"；"以后就这样做去，这世爵的前程就跑不了你袭了"（第七十五回）。虽说是"无知的傲慢"，倒也确实有"侯门的气概"，人物形象亦因此而"气韵生动"也。

十七、香菱以为陆游的诗句"重帘不卷留香久，古砚微凹聚墨多"，林黛玉教她"断不可学这样的诗"；"一入了这个格局，再学不出来的"（第四十八回）。林黛玉说得很对。陆游的这两句颇遭后人诟病。且这两句诗在陆诗中，一再重复，此外还有"活眼砚凹宜墨色，长毫瓯小聚茶香"（《闲中》）；"石砚不容留宿墨，瓦瓶随意插新花"（《书愤》）。纪昀《瀛奎律髓刊误》三二卷云："此种诗（按，《书愤》等）是放翁不可磨处，集中有此，如屋有柱，如人有骨。如全集皆'石砚不容留宿墨，瓦瓶随意插新花'句，则放翁不足重矣。"

十八、香菱称道王维诗句"渡头余落日，墟里上孤烟"，林黛玉以为陶渊明的"暧暧远人村，依依墟里烟"两句，"更比这个淡而现成"（第四十八回）。所论甚是，且王诗确实从陶诗而来，历来注本皆有注明。

十九、林黛玉教香菱学诗，要她先读王维、杜甫、李白，并且分别是五律、七律、七绝，不仅取径甚高，而且更重要的是教之"入律"门径，教法甚为得体。但她让香菱"然后再把陶渊明、应、谢、阮、庾、鲍等人的一看"，则是强调"立意"，以魏晋南北朝的"高古""浑成"防止步入"诗律细"的歧途，防止专在词句、声律上下工夫。这是林黛玉一以贯之的诗学观，所以她同时特别叮嘱："词句究竟还是末事，第一立意要紧。若意趣真了，连词句不用修饰，自是好的。这叫'不以词害意'。"（第四十八回）

二十、林黛玉对香菱说："什么难事，也值得去学！不过是起、承、转、合，当中承、转是两副对子，平声对仄声，虚的对虚的，实的对实的。若是果有了奇句，连平仄虚实不对都使得的。"（第四十八回）其中"虚的对虚的，实的对实的"一句，当是作者或抄者笔误，俞平伯所说甚是（《读〈红楼梦〉随笔》）。而所谓的"起、承、转、合"，虽是入门捷径，亦当小心，切不可以为章法尽于此。王夫之《姜斋诗话》卷二云："起承转收以论诗，用教幕客作应酬或可。其或可者，八句自为一首尾也。"又曰："起承转收，一法也。试取初盛唐律验之，谁必株守此法者？……近世唯杨用修辨之甚悉。"

二十一、贾宝玉题"有凤来仪"联云："宝鼎茶闲烟尚绿，幽窗棋罢指犹凉。"此联让人想起李商隐《即日》中的诗句"小鼎煎茶面曲池，白须道士竹间棋"。

二十二、林黛玉的《葬花辞》云："未若锦囊收艳骨，一抔净土掩风流；质本洁来还洁去，强于污淖陷渠沟。"而关于妙玉的"判词"则云："欲洁何曾洁，云空未必空。可怜金玉质，终陷淖泥中。""红楼梦曲"的《世难容》亦有类似的字句，"依旧是风尘肮脏违心愿""无暇白玉遭泥陷"云云。又，《世难容》结句云，"王孙公子叹无缘"，也让人想起贾宝玉和林黛玉斟酌《芙蓉女儿诔》时，贾宝玉突然冒出的那句让林黛玉顿时失色句子（第七十八回）。但是，区别还是明显的，林黛玉和妙玉的"动机"和"行为"都不同，"命运"当然更不同，而不在于在世与出世的这种人生形式的表面差异。

"残荷"还是"枯荷"

　　《红楼梦》第四十回云：林黛玉道："我最不喜欢李义山的诗，只喜他这一句'留得残荷听雨声'。"林黛玉是贾府中"持不同政见者"，她的话都是有特殊语境的，不能呆看，兹不赘述。单说她所喜欢的这句诗，倒是一再查过出处的。没想到这一查检，却查出问题来了。原来常见的数种李商隐诗集，乃至《全唐诗》或唐诗选本，这一句均作"留得枯荷听雨声"。亦请教过好几位专家，均不得胜解。近读黄裳先生的文章，其《读黄永玉画记》云："玉溪生这句诗，从小读石头记，就已默记在心。后来找义山全集来查，却作'留得枯荷听雨声'，不禁大为懊丧。心想林姑娘必有所本，决非误记。雪芹先祖是大藏书家，必有旧本义山诗，雪芹所见必非俗本。"这段话真是大获我心，因为我亦有同感："事实上'残荷'的意境、声调也确比'枯荷'来得好。"不过问题尚未得到解决。黄先生到底是明清典籍的版本专家，"林姑娘必有所本""雪芹所见必非俗本"云云，一语中的，道出问题关键之所在。

其实，曹雪芹的先祖曹寅不仅是大藏书家，而且主持修订、印刷过许多典籍，比如《全唐诗》这重大的"文化工程"。我们有理由相信，关于唐诗，曹雪芹可能读的是他家藏的版本。著名学者王利器先生对此做过研究，他有重大发现，可引以为据。其《马氏遗腹子·曹天祐·曹霑》一文云："《红楼梦》第十八回：'宝玉说：'柴门临水稻花香。'这是本之唐人许浑《晚自朝台津至韦隐居郊园》诗，原作'村径绕山松叶暗，野门临水稻花香'，由曹寅主编之《全唐诗》第八函第八册《许浑》卷六校云：'野'一作'柴'。《红楼梦》作'柴门'，正本于此。然则曹雪芹所读之书，为其祖父曹寅所藏之本，可无疑义。"正是这段话提醒去查对曹寅主编的《全唐诗》，看看能否解决关于李商隐这句诗的"悬案"。

然而结果也令人懊丧，1986年上海古籍出版社影印的《全唐诗》正是曹寅主编的本子，李商隐的这首诗，第三句赫然印作"留得枯荷听雨声"，干净得连"一作"之类的校注也没有！

回头想想，换一个思路，"残荷"与"枯荷"，均属平声，诗的格律上看不出什么问题来，只是"残"字属"开口呼"，音调响亮些，抑或林丫头因此将"枯荷"脱口而出为"残荷"，只是此说纯属"游谈无根"，系想当然耳。

《红楼梦》中的李商隐

林黛玉说的"我最不喜欢李义山的诗",令人费解,这无关乎审美欣赏的个人偏爱问题,因为无论是思想情感还是诗风,都并非如此;而林黛玉"只喜他这一句'留得残荷听雨声'","枯荷"成了"残荷",又是一个悬案。解说纷纷,似乎均不得要领。

近读周汝昌先生《红楼梦新证》,书中引用的一条史料,让我恍然大悟。

这条史料,文字较长,但十分重要,又无法节录,故照抄如下。雍正七年(1729 年)十月,内阁接到一道"最高指示",是论记载失实问题的,其中有这样一段:

朕观前史所载,未可全信,每滋后人之口实。如汉文帝见贾谊,问以鬼神,至夜半前席一事,李商隐别为诗讥之曰:"可怜夜半虚前席,不问苍生问鬼神。"夫贾谊入见时，文帝方受厘坐宣室，因感鬼神之事而问之，此固非问苍生时也。如欲问苍生之事，随时可以召对，又何必夜半哉？至于坐久前席，亦寻常事耳。且文帝汉之贤主也，恭俭仁厚，移风易俗，阅历世务深矣，视贾谊之疏狂少年，才识相去何啻什伯！盖知其不足与问苍生，故姑问鬼神耳。贾谊经济，具见《治安策》中，不独论当世之务迂阔难行，其于尧、舜之治道，亦未窥见本原也。贾谊之策，仅托诸空言；文帝之功，已见诸实事。文帝岂弃才之主哉？

雍正此举的目的，当然不是和臣下谈史论学。"未可全信"，本是不言而喻的常识，孟子早已言之。这一段文字的意思，替汉文帝辩诬是虚，指斥史家、文士是实。所引李诗，当是《贾生》，批驳的其实是这首诗的第二句："贾生才调更无伦。"又，据《红楼梦新证》之《史事稽年》的辑录，仅仅这一年，五月治吕留良狱，六月谢济世之狱起，七月陆生楠之狱起，都是雍正亲自领导和发动的"文字狱"；再看这一年十月，雍正还有"最高指示"曰："尔等翰林，自以文章为职业，但须为经世之文，华国之文；一切风云月露之词，何所用之!"　"经世"云云，就是文学必须为政治服务；"风云月露之词"不在于"何所用之"，而是隐指李商隐"无题诗""咏史诗"之类，雍正当然知道：看似歌咏风花雪月，实则抒发不平之气；咏史不是目的，讽今才是本意。

上有所恶，下当避之。否则，就是自入"文字狱"。曹雪芹生在那个"文网"密布的时代，这点"政治敏感"应当是最基本的"政治素质"。因此，我认为林黛玉所谓的"最不喜欢李义山的诗"，不过是曹雪芹故意表明"政治态度"而已；将"枯荷"说成"残荷"，恐怕也是有意出错，显得对李商隐诗很陌生的样子，不过是文人的狡狯而已。因为我们知道，曹雪芹擅长用"假语村言"将"真事隐去"，以"满纸荒唐言"来表达"一把辛酸泪"。

之所以这样说，当然是有"旁证"的，并且还是"内证"。《红楼梦》中，许多地方是暗用了李商隐诗的。先看人名，比如薛宝钗的"宝钗"，出典于李商隐的诗句"宝钗无日不生尘"。虽然这是诗文中常见的两个字，如南朝梁何逊的《咏照镜》、唐代李贺《少年乐》等等，但从薛宝钗的命运来看，显然暗用的还是李商隐的诗句；又，"判词"中曾以"金簪雪里埋"喻薛宝钗，脂批云"生非其地之义"，"宝钗无日不生尘"不是与此呼应的同样意义的一句诗么？

再看《红楼梦》中的诗词。第二十二回，薛宝钗的灯谜诗《更香》云"晓筹不用鸡人报"；李商隐诗云："无复鸡人报晓筹。"第三十七回，探春《咏白海棠》诗云"芳心一点娇无力，倩影三更月有痕"，这是从李商隐《杏花》诗中"援少风多力，墙高月有痕"两句而来；史湘云同题和诗第一首中"自是霜娥偏爱冷"一句，自然容易使我们想到李商隐《霜月》中的句子："青女素娥俱耐冷，月中霜里斗婵娟。"第五十回"芦雪庵争联即景诗"，林黛玉的那一句"剪剪舞随腰"，是化用李商隐《歌舞》诗中"回雪舞轻腰"一句而来的；联系上面提到的那一句"留得残荷听雨声"来看，林黛玉显然是熟读了李商隐诗的，怎么是"最不喜欢"呢？否则，在"争联"的那种场合，脱口而出的这句诗怎么能将李商隐的诗句化用得了无痕迹，并且做到了青出于蓝呢？同一回中，李纹《咏红梅花》诗中的"酸心无恨亦成灰"一句，显然是从李商隐的名句"春心莫共花争发，一寸相思一寸灰"（《无题》）化来的。第七十八回，贾宝玉《芙蓉女儿诔》云"李长吉被诏而为记"，此出典于李商隐《李长吉小传》；更重要的是，贾宝玉的这篇诔文中，还有"高标见嫉，闺帏恨比长沙"一句，"长沙"就是指被雍正否定的贾谊。

暗用之外，偶有明引。第十五回，北静王水溶在贾政面前称赞宝玉时，顺口引了一句"雏凤清于老凤声"，这是李商隐的名句，见《韩冬郎即席为诗相送（略）》诗。更值得注意的，还是此处的脂批："妙极！开口便是西昆体，宝玉闻之，宁不刮目哉！"由此可见，贾宝玉是欣赏李商隐诗的；对此，我们可以从贾宝玉的《四时即事诗》的诗风，加以证实。

如果进一步深究的话，似乎只有薛宝钗对李商隐诗的态度，值得我们注意。首先，似乎只有她没有在自己的作品中暗用或化用李商隐的诗。林黛玉行酒令时用了《牡丹亭》《西厢记》中的两句戏文，被薛宝钗抓住了"失于检点"的小把柄来"审问"（第四十二回）。联系此事来看，薛宝钗的作品中看不到李商隐诗的踪影，恐怕不是偶然的；处事谨慎的薛宝钗，恐怕是在有意回避。其次，薛宝钗倒是有一次说到了李商隐的诗。第四十九回，她对香菱学诗发了这样一通议论："我实在聒噪的受不得了。……（香菱）满嘴里说的是什么：怎么是杜工部之沉郁，韦苏州之淡雅；又怎么是温八叉之绮靡，李义山之隐僻。"与其说是转述香菱的话，还不如说是薛宝钗自己信口说出来的。看起来似乎不能说明什么，她说的不过是一般公认的诸位诗人的个性特征，但是，从句式和语调上看，还是可以看出她的态度来的——从"怎么"到"又怎么"，是从肯定到否定。再从思想性格来看，薛宝钗"自云守拙"，其《咏白海棠》诗云"谈极始知花更艳，愁多焉得玉无痕"，那么，"韦苏州之淡雅"，她自然欣赏，而杜甫，是正统的"温柔敦厚"的"诗圣"，她当然不会非议，反之，"温八叉之绮靡，李义山之隐僻"，她怎么会欣赏呢？最后，再联系她在贾元春面前能够聪明地领会"贵妃"的好恶这件事（第十八回）来看，作为一个"待选"之人（第四回），她自然更"关心政治""关心国家大事"，关心当今皇上的"文艺政策""政治标准"，那么，本文开头所说的雍正的那条"圣谕"，她至少不会一无所知吧！

礼教中人与魏晋人物

"金陵十二钗"的"判词"中，只有林黛玉和薛宝钗是合在一起的，见于同一首诗。这是出人意外的，按说这两个十分重要的人物，应和其他人一样，各有一首"判词"。这不是偶然的，也不是宝玉来不及细看，没有翻到她们二人的"判词"，因为在"红楼梦十二支曲子"中，她们二人也是见于同一首曲子的，并且分别是"正册判词"的第一首诗和"十二支曲子"的第一首曲子。

这显然是作者有意安排的，深意藏焉。

先看"判词"：

可叹停机德，堪怜咏絮才。

玉带林中挂，金簪雪里埋。

从诗学原则上来说，这首诗句句对仗，并且又是一种对照的叙事结构——因为有"玉带林中挂，金簪雪里埋"这种反常的人生结局，所以"停机德"才"可叹""咏絮才"才"堪怜"。也就是说，这首诗具有句法和结构上的双重对照这一突出的艺术特征。顺便说一句，也许是为了避免因为这种双重对照带来的板滞，作者一方面连用了"可叹""堪怜"，强调价值判断，加强感情色彩，另一方面又没有让一、二两句和三、四两句按顺序构成对照关系，而是让第一句和第三句、第二句和第四句构成交叉对照关系。很显然，这首诗的艺术上的这种突出的特征，是为了强调林黛玉和薛宝钗的对照或对比关系。

关键是"停机德"与"咏絮才"。作者分别用来指薛宝钗和林黛玉，既分别指两人的思想性格，又隐含了价值判断。这里又都是用了典的，这也是这两句诗对仗工稳之处。

这两个典故都是熟典。"停机德"出典于《后汉书·列女传》：乐羊子外出求学，因为想家而中途回家；妻子不满意他放弃学业，停下织布机，拿刀割断机上的绢，比喻前功尽弃，规劝丈夫继续求学。"咏絮才"出典于《世说新语言语》："谢太傅（安）寒雪日内集，与儿女讲论文义，俄而雪骤，公欣然曰：'白雪纷纷何所似？'兄子胡儿（朗）曰：'撒盐空中差可拟。'兄女（道韫）曰：'未若柳絮因风起。'公大笑乐。"刘注引《妇人集》曰："谢夫人道韫，有文才，所著诗赋诔颂，传于世。"这是两个十分有名的故事，为后人津津乐道，然而，又是分属于不同的意义范畴被传诵。"列女传"所载的都是礼教的楷模，以"德"名世，所以说"停机德"；而女子是不需要"才"的，所谓"女子无才便是德"是也，所以称颂女子之"才"，就不是在礼教意义上而言的。林黛玉和薛宝钗都有"才"，但薛宝钗更以"德"著称于贾府的上上下下，又是自觉地以礼教的规范来严格要求自己，甚至还想以之来规范贾宝玉，这又是她和林黛玉最重要的区别。书中有大量的这方面的描写，此无须举例一一说明之。这里，姑且举一个最重要的例证。第四十二回"蘅芜君兰言解疑癖"，薛宝钗训导林黛玉说："咱们女孩儿家，不认得字的倒好。男人们读书不明理，尚且不如不读书的好，何况你我！就连作诗写字等事，原不是你我分内之事，……你我只该做些针黹纺绩的事才是，偏又认得了字；既认得了字，不过拣那正经的看也罢了，最怕见了些杂书，移了性情，就不可救了。"这一通话的理论前提，就是礼教所谓的"女子无才便是德"的教条，并且将这一教条发挥得淋漓尽致。

再看"曲子"——《终身误》：

　　都道是金玉良缘，俺只念木石前盟。空对着，山

中高士晶莹雪；终不忘，世外仙姝寂寞林。叹人间，
美中不足今方信：纵然是齐眉举案，到底意难平。

　　"都道"二字，值得分辨。在前八十回里，贾府上上下下"都
道"的是贾宝玉和林黛玉的非同寻常的情投意合的关系。第二
十五回王熙凤的一句"你既吃了我们家的茶，怎么还不给我们
家作媳妇"的玩笑，引得众人会意地大笑。此处的脂批亦云：
"二玉事，在贾府上下诸人，即看书人、批书人皆信定一段好
夫妻，书中常常每每道及。岂其不然！叹叹！"与此相反，倒
是薛宝钗一家才"都道"贾宝玉和薛宝钗是"金玉良缘"，丫
鬟莺儿说过（第八回），薛姨妈说过（第二十八回），薛蟠说过
（第三十四回）；薛宝钗当然不便说出，但是她主动向贾宝玉提
出要"细细的鉴赏"一回"你的这玉"（第八回），这个情节
大可玩味。

　　"山中高士"，一般是指隐士，"晶莹雪"的字面的意思是
形容"山中高士"的高洁的人格，其实，这两个词组都别有隐
含的意义。"晶莹雪"的"雪"字不是本意，而是和"护官
符"中的那句"丰年好大雪，珍珠如土金如铁"的"雪"字一
样，是"薛"字的谐音；更准确地说，此处（第五回）"晶莹
雪"的"雪"字，是由前文（第四回）"丰年好大雪"的

"雪"字而来的。既然"护官符"中的"大雪"是带着富贵的铜臭（"珍珠如土金如铁"）的，那么，"晶莹雪"就不可能是人格高洁的象征。随之而来的问题是，这样解释"晶莹雪"，不是和"山中高士"的意思相矛盾么？原来，对"山中高士"不能作字面的理解，其中是暗用了典故的。《南史·陶弘景传》云，陶弘景初为齐国诸王侍读，后隐居于句曲山，自号"华阳隐居"；因佐萧衍夺齐帝位，建梁王朝，参与机密，时人称之为"山中宰相"。薛宝钗的思想性格，书中曾经这样正面介绍过："罕言寡语，人谓藏愚；安分随时，自云守拙。"这显然是反语。就"罕言寡语"而言，我们可以举出她奉承贾母的妙语——"凤丫头怎么巧，再巧不过老太太去"（第三十五回）；她对袭人"慢慢的闲言中套问他年纪、家乡等语"（第二十一回）；她把金钏儿投井这个事实，解释为"或是在井边儿玩，失了脚掉下去的……纵然有这样大的气，也不过是个糊涂人，也不为可惜"（第三十二回）；再如她及时抓住小把柄，把林黛玉说得口服心服（第四十二回）……如此等等，不胜枚举。再就"安分随时"而言，她窥视贾府的孙二奶奶的宝座，是很用了心计的，只不过比袭人想当宝玉之妾的心思，藏得深些罢了，但至少还是被她弟弟点破了（第三十四回）；明显的事实是，她还是一不小心在作品中露了马脚——其《临江仙》词云"好风凭借力，送我上青云"，真是"诗言志"啊。总之，一个有"青云"之志的，"藏愚""守拙"云云，不就是伪饰么？这和自号"华阳隐居"而实为"山中宰相"的陶弘景，有什么区别呢？

这支曲子中，还有一个典故。"齐眉举案"，即"举案齐眉"，见《后汉书·梁鸿传》：梁鸿家贫，妻子孟光对他始终很尊敬，每顿饭都是把食盘举得和眉毛一样高，将饭送到丈夫面前。孟光当然也是作为礼教的楷模被传颂的。

"世外仙姝寂寞林"指的是林黛玉，此自不待说。从修辞上说，"山中高士晶莹雪"和"世外仙姝寂寞林"是并列的关系，然而，从思想意义上说，则是一种对照关系，因为"山中高士"和"世外仙姝"的"山中""世外"看似同义，其实"世外仙姝"才是真正意义上的超凡脱俗。

这样，我们就可以看出，作者之所以在"判词"和"红楼梦十二支曲子"中将林、薛二人放在同一首"判词"和"曲子"之中，而不是像处理其他人一样分别单独地处理，目的就是为了让两人构成鲜明的对照关系。并且，根据上文的分析，我们进一步明了这种对照关系的实质，实际上就是以礼教为价值尺度的。也就是说，以礼教中人与礼教外人构成比照关系。

下面，我们就这个结论，略作进一步的推论。

以《后汉书》中的汉代两个著名女性来说明薛宝钗恪守礼教的思想性格，又以《世说新语》中的晋代著名女性谢道韫来比拟林黛玉，这决不是偶然的。这里，我们先补充说明一下谢道韫这个人的思想性格。她不仅以才著称，而且更以"魏晋风流"名世。据《世说新语》，她训导其弟语云："汝何以都不复进？为是尘务经心，天分有限？""尘务"即曹雪芹假借"后人批宝玉"的《西江月》词第一首中"潦倒不通世务"的"世务"，指职责、仕进等世俗事务，以及应酬、礼教等一套人情世故，也即薛宝钗劝贾宝玉好好用功的"仕途经济"。正因为如此，时人称赏谢道韫曰："神情散朗，故有林下风气"（出处同上）。这使我们想到贾宝玉对薛宝钗等人劝他在"仕途经济"上用功的反感，而对"不说这样混帐话"的林黛玉的赞赏（第三十二回）。因此，我认为，曹雪芹设计"仕途经济"这个情节，灵感也许是来自《世说新语》中谢道韫训导其弟的故事；或者说，"仕途经济"云云，正是出典于《世说新语》这则故事所谓的"尘务"。

粗略说来，汉代是礼教治国的时代，所谓"罢黜百家，独尊儒术"是也，而魏晋则是反礼教的时代。薛宝钗和林黛玉分别被比喻为《后汉书》和《世说新语》中的人物，原因亦在于此。"魏晋风流"的本质特征，就是"越名教而任自然"。

"名教"即礼教；"自然"就是不以礼教束缚性情的意思。所以，上文所说的礼教中人与礼教外人的比照关系，亦即"名教"与"自然"的对立。为什么贾宝玉"终不忘，世外仙姝寂寞林"？原因就在于林黛玉和他一样，都是"无故寻愁觅恨，有时似傻如狂""行为偏僻性乖张，那管世人诽谤"（《西江月》），一副魏晋人物的思想性格：《世说新语》所谓"任诞"是也。又为什么是"空对着，山中高士晶莹雪"，"纵然是齐眉举案，到底意难平"？就因为薛宝钗伪饰自己的性情，为人没有真性情。她标榜"无情"（"任是无情也动人"；"冷香丸"），实则"内热"（"从胎里带来的一股热毒"），和贾宝玉、林黛玉的思想性格有着根本的冲突。

《终身误》的口吻，是贾宝玉的。这也是"十二支曲子"的共同的叙事特征，即每一支曲子仿佛没一个人物的"戏剧性独白"；全曲的首尾分别有"引子"和"收尾"，统领全曲，使之成为一个戏剧性的整体。"判词"则是上天规定的每一个人的宿命，其实是小说作者对人物思想性格和命运的设计、规定，因此我们可以将"判词"看作作者的声音。贾宝玉对林黛玉和薛宝钗的态度及其原因，已如上所述，那么，作者呢？尽管我们知道，作者的思想观点永远不会完全等同于他笔下的任何一个人物，但是，就本文讨论的问题而言，曹雪芹和贾宝玉的观点是十分相近的。也正因为如此，"判词"和曲子中对林、薛二人的褒贬基本相同，而且表现方式——典故的来源及对照关系——也基本相同。这里，我要指出的是，之所以如此，就是因为曹雪芹对"越名教而任自然"的魏晋人物的景仰。据曹雪芹的友人张宜泉的诗《题芹溪居士》小序，曹雪芹"字梦阮"。"阮"者，恐怕就是著名的魏晋人物阮籍。又，张宜泉《伤芹溪居士》小序云："其人素性放达，好饮。"这不就是阮籍的典型性格么？此外，曹雪芹的另一个友人敦诚，也常在诗中把曹雪芹比拟为阮籍一类"傲骨嶙峋"（敦敏《题芹圃画石》）的人物，其《挽曹雪芹》诗云："鹿车荷锸葬刘伶。"《赠曹雪芹》诗云："步兵白眼向人斜。"所谓"其人素性放达"，就是指曹雪芹的思想性格及其言行越出礼教的篱樊，即我在上文说的礼教外人；"放达"，与《世说新语》所谓的"任诞"同义。阮籍有一句名言："礼岂为我辈设也。"（《世说新语·任诞》）故时人裴楷云："阮（籍）方外之人，故不崇礼制。我辈俗中人，故以仪轨自居。"我认为，这个问题的讨论，对于我们理解《红楼梦》的思想内容及人物的思想性格，很有帮助。

盐官 昆曲 戏文

（一）

《红楼梦》第二回"贾夫人仙逝扬州城"云：

> 那日，（贾雨村）偶又至维扬地面，因闻得今岁
> 鹾政点的是林如海。这林如海姓林名海，表字如海，
> 乃是前科的探花，今已升至兰台寺大夫，本贯姑苏人
> 氏，今钦点为巡盐御史，到任方一月有余。

这里说的林如海的任职，后文第十四回、第十九回，都有
照应。这本来是一件小事，优秀的小说都具有这种叙事缜密的
特点。但是，考虑到小说的自传性成分，似乎值得一说。

"巡盐御史"是一个很重要的官职。稍具清史常识的人都

知道，盐业是清朝国家经济的命脉，朝廷十分重视对盐业的管理；两淮盐业又具有特别重要的地位，可谓重中之重。雍正元年正月初一（1723年2月5日），皇帝下达的新年"头号文件"就是关于盐业的，其中特别强调："盐道一官，尤关国课。"似乎有点"政策决定以后，干部是决定因素"的意思，可见朝廷对盐官的任免也是很重视的。其实，这种重要性，雍正之前的康熙就十分重视，一再密令江宁、苏州两局织造郎中曹寅、李煦这两个心腹外官，监官两淮盐务。康熙四十三年（1704年），又公开下令："两淮盐务事多，请照江宁、苏州织造郎中曹寅、李煦所请，令其轮流各兼理一年。由此看来，林如海出任巡盐御史，非同寻常，且有值得玩味的官场背景。

林如海是贾家的女婿，而书里的贾家即书外的曹家，那么，书中说的林如海的那个"内兄"，似乎就是书外的曹寅。这样看来，林如海就任此职，似乎有点裙带关系方面的原因。但是，书中描写的林如海倒不是个像贾雨村那样善于利用关系投机钻营的人，因而他被康熙委此重任，可能还是因为他是个很称职、富有才干的官员，并且，康熙是个贤明的君主，他应当不会把一个他不了解的官员派到这样一个十分重要的岗位的。而且，既然曹寅是康熙的重要心腹，那么派林如海这样一个有能力的官员就任此职，似乎也考虑到林、曹的特殊关系，有利于协调这两个重要官员之间的关系，有利于他们"更好地开展工作"。

当然，清代两淮盐业的中心在扬州，巡盐御史的"办公机关"自然也设立在扬州。

（二）

《红楼梦》第十八回云："原来贾蔷已从姑苏采买了十二个女孩子，并聘了教习，以及行头等事来了。"

为什么大观园的演员要"从姑苏采买"？这个小问题与小说艺术没有什么关系，到是与作者的"曹家"有点关系；"索隐"起来，也有点意思。贾府这样的大家庭，自然有自家的戏班。脂批在此亦点明作者这样写是"又补出当日宁、荣在世之事"。把贾府和曹家联系起来看，"从姑苏采买"，原来是有特殊原因的。

据说，清代的皇帝大都是戏迷。陈寅恪先生《柳如是别传》云："顺治七年末、八年初，清人似有点取强夺秦淮当时及旧日乐籍名姝之举。此举或与世祖之喜爱戏剧有关。"王振忠《明清徽商与淮扬社会变迁》云："'昆班之胜'，与康熙的南巡有着密切的关系"；"以第五次南巡为例，该次南巡，自江南回銮途经扬州时，又连续在广陵住了六天，天天进宴演戏"。清代学者焦循《剧说》云："圣祖南巡，江苏织造臣（李煦）以寒香、妙观诸部承应行宫，甚见嘉奖，每部中各选二三人，供奉内廷。"再看《扬州画舫录》："两淮盐务，例蓄花、雅两部，以备大戏"；"雅部即昆山腔"。上有所好，下有所趋。昆曲的繁荣，皇帝的喜好自然是一个重要原因。上引王振忠著作亦云："故此，苏州、扬州形成当时全国戏曲（按，指昆曲）的中心城市。"据说，当时还有"苏班名戏淮扬聚"，"老昆小旦尽东吴"的说法。

这样，我们就不难明白贾府为什么要到苏州"采买"戏曲演员了。从曹寅和李煦的私交、"工作关系"来看，以及曹家也曾几次"接驾"的经验，曹家自然知道：培养或标榜自家对昆曲的喜好，已是谋求龙颜大悦的"官场秘诀"。再说贾府建造大观园"重大工程"的目的，就是为了"接驾"这一重大"政治任务"，而取悦龙颜，投其所好，不也是皇妃们"争宠"的"斗争武器"之一么？曹家自然对"贵妃"（贾元春）的"艺术爱好"也心领神会。由此看来，"采买"演员，筹建昆曲戏班，建设这一"文化工程"，自家的"文化需求"倒在其次了。

最后，尚有一事，亦值得一提。《红楼梦》第二十二回，写贾母"出资"给薛宝钗过生日，作者特别说明："至二十一日，就贾母内院中搭了家常小巧戏台，定了一班新出小戏，昆、弋两腔皆有"；而薛宝钗点的几出戏——《西游记》《鲁智深醉闹五台山》——均为昆曲。既然"昆、弋两腔皆有"，为什么单点昆曲？是自家的"艺术爱好"呢，还是投贾母所好呢？似乎问题还不止于此。

（三）

《红楼梦》第二十三回云：

> 正欲回房，刚走到梨香院墙角上，只听墙内笛韵悠扬，歌声婉转。林黛玉便知是那十二个女孩子演习戏文呢。只是林黛玉素习不大喜看戏文，便不留心，只管往前走。

"那十二个女孩子"，就是贾蔷"从姑苏采买"来的，她们此时"演习"的正是昆曲的"戏文"，即《牡丹亭》的著名片段《游园》。昆剧《牡丹亭》在清初就很有名，在士大夫中尤其十分流行。据《清史稿》，著名诗人赵执信竟然在国丧期间，尚且同友人观赏此剧，因此获罪。可是，令人奇怪的是，林黛玉竟然全然不知此剧。因为，下文写林黛玉听了几句十分著名的唱词，才知道感叹"原来戏上也有好文章"。"素习不大喜看戏文"，是一回事；竟然连著名的《牡丹亭》中著名的片段都不知道，则又是一回事。何况林黛玉生在苏州，长在扬州，如上文所说，两处皆是全国昆曲的中心啊！脂批云："妙法，必云不大喜爱。"此殊不可解，不知微言大义之所在。是指作者没有将林黛玉写成"通俗小说"主人公"无所不知无所不晓"呢，还是欣赏林黛玉不同流俗、拒绝"流行文化"的个性呢？亦不得而知。

不过，我们注意到，林黛玉"素习不大喜看戏文"，和薛宝钗对戏曲的熟悉、欣赏，恰是对照。第二十二回薛宝钗嘲笑贾宝玉"那里知道这出戏（《鲁智深醉闹五台山》）的好处，排场又好，词藻更妙"时，说得头头是道，并脱口背出一段戏文；令"宝玉听了，喜的拍膝画圈，称赏不已，又赞宝钗无书不知"。再看第四十二回"蘅芜君兰言解疑癖"中，薛宝钗对林黛玉的一段话，看她如何解释她的戏曲知识是怎样得来的：

我们家也算是个读书人家，祖父手里也爱藏书。先时人口多，姊妹弟兄都在一处，都怕看正经书。弟兄们也有爱诗的，亦有爱词的，诸如这些'西厢''琵琶'，以及'元人百种'，无所不有。他们是偷背着我们看，我们却也偷背着他们看。后来大人知道了，打的打，骂的骂，烧的烧，才丢开了。

　　薛宝钗的这段话是有来历的。原来昨天行酒令时，林黛玉"被'酒精'冲昏头脑"，一时激动，说了《牡丹亭》《西厢记》上的两句，被薛宝钗抓了"失于检点"的把柄，今天来问罪。毕竟这两部作品在当时的"文化语境"中属"少儿不宜"，尤其不是女孩子家看的。这个"大道理"，林黛玉还是懂的，所以薛宝钗一问，当即"不觉红了脸"。

　　这段话措辞很妙，不可不注意，且分析如下。强调客观原因——"先时人口多，姊妹弟兄都在一处"，此其一；推卸责任，归结为"兄弟"的"不良影响"，此其二；最后声明及时"改邪归正"，此其三。可谓百回千转而又层层递进，句句辩解却又不失委婉，极尽"外交辞令"之妙。并且，这段话还暗含机锋，有旁敲侧击之意。林黛玉没有"兄弟"，"第一责任"自然在自己，此其一；"大人"没有管束，是为"失教"，此其二；抑或同情林黛玉"独子"又成了"孤儿"，意在"情有可原"？此其三。最后，本来是批评林黛玉，却"从自我'说'起"，先作"自我批评"，可谓深得让人不得不"伏"之"批评方法"之妙。

擅长诗文却拙于人事，林黛玉哪是世事洞明、人情练达的薛宝钗的对手！她哪里又见过这种"思想政治工作"阵势！动之以情，晓之以理；春风化雨，感人者深；人非草木，焉能不服！所以小说写道："一席话，说的黛玉垂头吃茶，心下暗伏，只有答应'是'的一字。"真是口"伏"心"伏"。

其实，黛玉是刚刚看到、听到的（第二十三回），原本犯不着薛宝钗摆出一副"从小做起"的架势。而且，让人感动的是，林黛玉决不"牵连别人"，颇有"一人做事一人担"的骨气，保护了宝玉。

回到本文开头提出的问题上来。我以为，林薛二人对戏曲的喜好，大有不同。除了时间的先后，还在于林黛玉喜欢的原因是"原来戏上也有好文章"，是由于她思想感情上的对《西厢记》《牡丹亭》的特定的"接受前提"；而薛宝钗喜好的全部原因，就在于昆曲。薛宝钗入都，原有"待选"的重大"政治任务"；因为杳无音信，又想嫁于贾府。那么，她喜好昆曲，先是因为"当今皇上所好"，受了"应试教育"；后是由于贾府因"当今皇上所好"而好，她投贾母等人所好，也算没有"白交学费"。作者不是明确告诉过我们，薛宝钗有"随俗"这一性格特征么？细读小说，当知此说不误。

"梦里曾飞何处雨"

《红楼梦》第五回，贾宝玉在秦可卿卧室里看到的那些用来装饰的"历史文物"，当然不能当真，一一考证、索隐。毕竟小说是小说，历史是历史。但是，小说家常常用确实的历史与现实的细节乃至情节来给读者以真实感，或者说是故意用来满足某些读者对真实感的阅读期待。《红楼梦》也是如此，并且在开卷即说明其叙事策略是"将真事隐去"而"用假语村言"。"索隐派"之"红学"正是由此误入歧途的，将"真真假假"的"小说家言"当作历史著作的"写作说明"了。不过，分析那些确实的历史与现实的细节是如何服务于小说的思想与艺术的整体的，分析它的寓意而不是当作"真事"，则完全是另外一回事了。

贾宝玉看到的第一件"历史文物"，是"唐伯虎画的《海棠春睡图》"。

唐伯虎确实画过"海棠春睡图"这个题材的作品，而且不止一幅（《唐伯虎画集》）。"海棠春睡图"在曹雪芹以前是诗画的老题目，许多画家以此来卖弄才情，风流自赏，仿效或假冒唐伯虎的作品，尤其是在明代。所以，曹雪芹不完全是无中生有。当然，我们更关心的是画意，由此推论曹雪芹的寓意，而不是唐伯虎有无此画，更不是秦可卿挂的是否真品。稍有常识的读者，当知此画意；即使从题目，亦可意会。"春睡"，指怀春之闺情；"海棠"，喻指女性，自李白那三首著名的咏海棠诗之后，进而又成为杨玉环的代称。宋人释惠洪《冷斋夜话》记玄宗笑杨玉环语云："岂妃子醉，直海棠睡未足耳。"宋人咏海棠词中时有以杨玉环、西施并举的如辛弃疾《贺新郎》、马庄父《水龙吟》等皆是。《红楼梦》第三十七回，贾宝玉在"海棠诗社"写的那首诗中，亦云："出浴太真冰作影，捧心西子玉为魂。"（参阅蔡义江先生《红楼梦诗词曲赋评注》）。尽管如此，下文的分析说明，我们的讨论并非多事。

明代著名诗画家徐渭有一首曲子《眼儿媚》，题为"书唐伯虎所画美人"（《徐渭集》）。其中有这样两句："粉肥雪重，赵燕秦娥；可是华清春昼永，睡起海棠么?"可见画中的"美人"，就是杨玉环。徐渭还有题画诗《杨妃春睡图》，全诗如下：

守宫夜落胭脂臂，玉阶草色蜻蜓醉。

花气随风出御墙，无人知道杨妃睡。

皂纱帐底绛罗委，一团红玉沉秋水。

画里犹能动世人，何怪当年走天子。

欲呼与语不得起，走向屏西打鹦鹉。

为问华清日影斜，梦里曾飞何处雨。

最后一句用的是"巫山云雨"这个熟典，说明"春睡"所梦内容。倒是第一句更值得注意。"守宫"是一个僻典，出自《太平御览》卷七三六《淮南万毕术》："取守宫虫，饵以丹砂，阴干，涂妇人身，与男合即灭。"这种东西的作用，类似西洋的"贞节带"，是男性性别专制的最恶劣的体现。那么，诗中的"守宫夜落"，显然是有讽刺义。杨玉环本来是寿王之妃，被玄宗占为己有，这当然是乱伦。因此，这首诗所写的就不是一般意义上的"春睡"了。

这首诗具有十分明显的"红颜祸水"的思想意识。"走天子"，以安禄山事变时玄宗西逃，来指责杨玉环的"动人"所带来的祸国殃民的结果。责任本来在玄宗，历来却把杨玉环当作淫妇，无视她是被迫的这个事实，无视她在皇权之下柔弱无助的处境。曹雪芹也是在这个意义上，用她来批评秦可卿的淫乱，还是仅仅用来暗示事实？或者说，挂《海棠春睡图》画的，是秦可卿而不是曹雪芹，又是一说。这是题外话，姑且不论。顺便一提的是，《红楼梦》中的人物，至少是贾宝玉和薛宝钗，对杨玉环的不同看法，大可玩味。这也是题外话，此亦不论。

徐渭的这首诗题在谁的画上的？不得而知。秦可卿卧室挂的是《海棠春睡图》，而不是徐渭题诗的《杨妃春睡图》，这也不重要。并且，秦可卿卧室挂的是否唐伯虎的画，也毋须考证，道理已在本文开头说过，否则，就可以根据秦可卿卧室的陈设，来编写"文物目录"了。只要我们知道"海棠"常用来喻指杨玉环，以及明人诗画中的杨玉环形象的意义，就可以明白作者写秦可卿卧室挂的是"唐伯虎画的《海棠春睡图》"的寓意之所在了，即用来暗示秦可卿的淫荡。脂批在此处批曰："艳极！淫极！"上文的分析，自然可以加深我们对脂批的理解。毕竟秦可卿私通贾珍，和杨玉环被唐玄宗霸占一样，都是乱伦关系；在作者的笔下，秦可卿就是淫妇的形象，"判词"中说她"主淫"，小说原稿写她的死是"淫丧天香楼"。

最后，再补足一条材料。清人张谦宜评徐渭《杨妃春睡图》云："如此熟题，看他设色遣调，苍沉老辣，故是作家开生面处。""熟题"二字，可证上文的分析。由这段评论，亦可知徐渭的这首诗在历史上比较有名，而且张谦宜又是曹雪芹同时代的人（康熙四十五年进士，作品收入《四库全书》），那么，是否可以说曹雪芹知道徐渭的这首《杨妃春睡图》诗？当然，这也不重要，因为我们至少可以确定：曹雪芹至少知道，"海棠春睡图"或"杨妃春睡图"这个"熟题"的诗画作品。这，不就够了么？

引诱与超度：秦可卿与贾宝玉

贾宝玉是他身边众女性瞩目的焦点，所以有"情种"之称。"正册"中的林、薛二人，自不必说，还有"又副册"仅列出的两位——晴雯和袭人。她们各自瞩目的具体内容，自然也大有不同，此亦不必说。此外，尚有"正册"中的妙玉、秦可卿这两个大有文章的人物，在这一点上亦大有值得玩味之处。

且说秦可卿。

她和贾宝玉的故事，主要集中在第五回。

很有意味的是，贾宝玉之所以有"游仙境"这个十分重要的梦，正是由秦可卿引起的；她主动提出让贾宝玉在她卧室午睡的，才有了这个在小说中至关紧要的午梦。

对卧室陈设的描写，既是为了暗示主人的性情，又是为了交代故事发生的环境，一箭双雕。这一点十分引人注意，早就有人指出过，姑且不论。倒是这一段文字的文本特征和叙述视角，未被注意，值得一说。

先看文本特征。脂砚斋的批语很有意思："一路设譬之文，迥非《石头记》大笔所屑，别有他属，余所不知。""余所不知"，恐怕是佯装，故作狡狯也；"别有他属"，则大有见地，启人深思。这一段文字用夸张的笔法写出卧室陈设的浮华、淫逸的气氛，这种笔法确实"迥非《石头记》大笔所屑"，似乎是作者讨厌的"言情小说""淫秽小说"的写法。"游仙小说"，也有这种写法。根据拙文《从第五回看〈红楼梦〉叙述话语的特征》的分析，"别有他属"，应当理解为"游仙小说"。其实，文中尚有根据，可以证实。这就是秦可卿的那句话："我这屋子大约神仙也可以住得了。"粗看起来，这句话很平常，是由贾宝玉那句"这里好"赞语而来，颇有自得之义而已。实际上，作者隐含的意思是提醒我们将秦可卿这一句话中的"神仙"二字，和题目中的"仙"字以及贾宝玉梦中的仙人，联系起来看。因此，作者其实是通过秦可卿的这一句自得之言暗示"这屋子"犹如《游仙窟》一类小说中的"仙窟"，这显然是有辛辣的讽刺之义。

再说叙事视角。卧室陈设诸物，是贾宝玉的眼睛看到的，也就是说，小说这一段文字的叙述视角，是由全知视角转为限制视角的。这一艺术技巧本身，不足为奇，问题是以贾宝玉为叙述视角而来的意义。我们知道，贾宝玉之所以做了那样一个性质的梦，就是因为他所看到的卧室陈设所营造的那种淫逸的气氛，这也是心理学的常识。这样，因为限制视角的使用，就强调了梦的发生与他所看到的卧室陈设的关系，也就是与秦可卿的关系。这才是作者的真正目的所在。在《红楼梦》中，这种叙述视角转换的例子很多，大都很有意义，比如写林黛玉初进贾府（第三回），还有"刘姥姥一进荣国府"（第六回），等等。

下面，我们再看小说是怎样叙述贾宝玉梦中的秦可卿的。我们发现，梦是以秦可卿开始又以秦可卿结束的；秦可卿的意义，显然十分重大。脂批云："此梦文情固佳，然必用秦氏引梦，又用秦氏出梦，竟不知立意何属？唯批书人知之。"在梦的开始，贾宝玉"随了秦氏，至一所在"。这就是说，贾宝玉的这个"游仙"梦是秦可卿导引的。梦中，贾宝玉和秦可卿"未免有儿女之事"；"至次日，便柔情缱绻，软语温存，与可卿难解难分"。意味深长的是，这也是贾宝玉好梦将尽、差点跌入万丈深渊之时。这显然是有寓意的。虽然他们的"儿女之事"是"依警幻（仙子）所嘱之言"的，但警幻仙子有言在先，此举的目的"不过令汝（贾宝玉）领略此仙闺幻境之风光尚如此"——即使在"仙闺幻境"，沉湎于情欲的结果也将是毁灭性的，所以警幻仙子紧接着的一句话是"何况尘境之情景

-171

哉"，可谓语重心长，谆谆告诫。梦的结束，是贾宝玉失声叫了一句"可卿救我"。

贾宝玉梦中的这两个人物——警幻仙子和秦可卿——实际上是有象征意义的：警幻仙子是"神灵"的象征；秦可卿则是"情欲"的象征。因而这一回的"游幻境"故事，实际上也是有两层意义的：警幻仙子对贾宝玉的启示与训诫；秦可卿对贾宝玉的引诱。这两点是分别对应的，而且又分别对应于两个世界：神界与尘世。贾宝玉没有能够明白警幻仙子对他的启示与训诫，他从梦中回到现实世界时失声大叫的是"可卿救我"，而不是求助于警幻仙子，也是意味深长的：他要人救，而不是神助；他还要回到尘世，而不是留在仙境。小说才刚刚开始，距贾宝玉最后获得灵魂的解脱还早得很，他还有一段尘世的磨难需要经历，所以，秦可卿对贾宝玉的引诱，实际上就是对贾宝玉的性意识的引发。虽然这使贾宝玉陷入"欲障"，但也是他最后获得灵魂的解脱所必须经历的。因此，秦可卿对贾宝玉的引诱，表面上看是否定意义的，实则亦有积极的意义，即引诱与超度；引诱的意义是被凸现了的，而超度的意义则是隐含的；引诱是从现实世界来说的，而超度则是从贾宝玉的必然命运这个形而上的意义上来说的。

接着再说秦可卿对贾宝玉的引诱这个问题。

引诱之所以是从现实世界来说的，除了上文的分析，还在小说的下一回以"贾宝玉初试云雨情"被进一步确实。第六回一开始就写贾宝玉"遂强袭人同领警幻所训云雨之事"，这就是引诱的直接结果。这对贾宝玉来说，讽刺意义也是很明显的，因为他的行为恰恰违背了警幻仙子的训诫，贾宝玉只记住了梦中他和秦可卿的"云雨之事"，而将警幻仙子的训诫忘记了；也就是说，他只记住了警幻仙子的训诫的目的，而忘记了警幻仙子的训诫的手段。很有意思的是，这里作者故意用了"警幻所训云雨之事"这种说法，以强调"警幻所训"有"事"与"义"的区分；"所训"二字的所指，同样也有"事"与"义"的区分。这样，贾宝玉在这一天就有虚、实两次"云雨之事"，在梦境与在现实，分属神界与尘世两个截然不同的世界。在中国文化传统中，童贞的丧失，是一件大事。曹雪芹当然知道这一点，所以他赋予这件事以重要而复杂的意义。

秦可卿对贾宝玉的引诱，是作者再三强调的。为了凸现这一点，作者甚至设计了两个重复且不必要的细节，以引人注意。贾宝玉入梦之前，"秦氏便吩咐小丫鬟们，好生在廊檐下看着猫儿狗儿打架"；梦醒之时，又是"嘱咐小丫头们好生看着猫儿狗儿打架"，并且是刚说完这句话"忽听宝玉在梦中唤他（她）的小名"。为什么秦可卿反复吩咐小丫头们"看着猫儿狗儿打架"？为什么还要反复强调"好生"地"看着"不可？或者说，为什么作者要甚至设计这样两个重复且不必要的细节？文心细密的曹雪芹，显然是有目的的。脂批提示我们注意这一点："奇奇怪怪之文，令人摸头不着。云龙作雨，不知何为云？又何为龙？何为雨矣。""奇奇怪怪之文，令人摸头不着"，佯作不知而已；"不知何为云？又何为龙？何为雨"，揭示"云雨"寓意才是目的。大家闺秀，怎么说出这样的话；非礼勿说，实在有违女诫——曹雪芹固然不是腐儒，不是道学家，但他设计这样两个重复且不必要的细节之目的，显然是用来讽刺秦可卿的淫荡。有长于"杂学"之称的贾宝玉，不会不知道"猫儿狗儿打架"是什么，那么，根据心理学上的联想原理来说，贾宝玉之所以有这样一个午梦，也是由于他听到秦可卿这句话的联想作用，而不仅仅是因为秦可卿卧室陈设的浮华、淫逸气氛的诱惑作用。此亦可证上文关于秦可卿对贾宝玉引诱的分析。

我们记得，关于秦可卿的"判词"中说她"主淫"，是"淫"化身。又云："漫言不肖皆荣出，造衅开端实在宁。"这两句话当然还有别的意义，但就秦可卿对贾宝玉的引诱而言，贾宝玉作为荣国府的"不肖（子孙）"，其"不肖"的"造衅开端"，却是"实在宁"——是从宁国府秦可卿的引诱开始的。

落实一点来说，有了他在宁国府的午梦中和秦可卿的"儿女之事"，然后才有他当晚回到荣国府在现实中的和袭人"初试云雨情"。

回到本文的开头上来。《红楼梦》中的那些对贾宝玉瞩目、钟情或引诱的女子，命运都很悲惨，并且原因都是由于对贾宝玉的瞩目、钟情或引诱，无一例外。即使是林黛玉，有一个圣洁的灵魂，是一种崇高的感情，也难逃厄运，遑论其他。已经遁入空门的妙玉，之所以"终陷淖泥中"（引自"判词"），就是因为她对贾宝玉的动情，才"终陷"感情的"淖泥中"。那么，引诱者秦可卿，当得不光彩的惨死，并且是第一个、也是在引诱贾宝玉之后，立即受到命运的严正惩罚。

薛宝钗的"热毒"与"无情"

薛宝钗的病也是先天性的,所谓"从胎里带来的一股"热毒"。脂批云:"凡心偶炽,是以孽火齐攻。"又云:"'热毒'二字画出富家夫妇图一时(按,此处似有脱文),遗害于子女,而可不谨慎?"脂批点出"凡心""富家"等字,是很有意味的(第七回)。

我想,这"热毒",即"内热"之"毒",恐怕是有出典的。《左传》:"淫则生内热惑蛊之疾。""疾"者,病也。脂批所谓的"富家夫妇"云云,大概就是这个意思吧。不过,真正的出处恐怕还是《庄子》。《庄子 人间世》:"今吾朝受命而夕饮冰,我其内热与!"薛宝钗疗治"内热"的良方是吃"冷香丸",大概就是从"饮冰"而来的。《人间世》的主旨是讲处世与自处之道,认为"名""智"等心念均为人世纷争、烦恼、祸患的根源,而免除的办法就是"心斋""游心",处之以"无为""无用"之道。这样,我们就不难明白,为什么如此介绍薛宝钗："罕言寡语，人谓藏愚；安分随时，自云守拙。"这几句话就是从老庄这里来的，是典型的老庄处世哲学。

这就使我们注意到另外一个问题。

第六十三回"寿怡红群芳开夜宴"，薛宝钗抽的是牡丹签，上面刻了一句唐诗："任是无情也动人。"这句诗出自罗隐的《牡丹花》：

似共东风别有因，绛罗高卷不胜春。

若教解语应倾国，任是无情也动人。

芍药与君为近侍，芙蓉何处避芳尘。

可怜韩令功成后，辜负秾华过此身。

"无情"一句在这首诗中的意思是很明白的，无须费辞。并且，用这一句来说薛宝钗，也很恰当。她在小说中，似乎并没有直接表现出对贾宝玉动情的样子，至少表面上是这样。第二十八回对此有明确地说明，那一段文字给我们很深的印象：

薛宝钗因往日母亲对王夫人等曾提过"金锁是个和尚给的，等日后有玉的方可结为婚姻"等语，所以总远着宝玉。昨儿见元春所赐的东西，独他与宝玉一样，心里越发没意思起来。

尽管如此，虽然贾宝玉很讨厌她说些"仕途经济"一类的"混帐话"，生气她"好好的一个清净洁白女子，也学的钓名沽誉，入了国贼禄鬼之流"（第三十六回），却也难免有动心的时候，比如第二十八回"薛宝钗羞笼红麝串"所写的那一段著名的文字。

但是，"任是无情也动人"一句所谓的"无情"，恐怕另有更深的寓意。从上文的说法来看，恐怕还是出典于《庄子》。《庄子 德充符》云："有人之形，无人之情。有人之形，故群于人；无人之情，故是非不得于身。眇乎小哉，所以属于人也；謷乎大哉，独成其天。"又云："是非，吾所谓'情'也。吾所谓'无情'者，言人之不以好恶内伤其身，常因自然而不益生也。"这就让我们想到薛宝钗的诗——《咏白海棠》：

珍重芳姿昼掩门，自携手瓮灌苔盆。
胭脂洗出秋阶影，冰雪招来露砌魂。
淡极始知花更艳，愁多焉得玉无痕。
欲偿白帝凭清洁，不语婷婷日又昏。

李纨认为这首诗"含蓄浑厚"，当推第一，林黛玉的那首诗只是"风流别致"，当居第二。脂批亦云："宝钗诗全是自写身份，讽刺时事（按，其中"愁多焉得玉无痕"，脂批云"看他讽刺林、宝二人，省手"），只以品行为先，才技为末。"将书里书外这两人的评语合而观之，似乎是指薛宝钗在诗中所表现的恪守妇德、矜持身份的礼教的思想情感。这是不错的。但是，这只是薛宝钗思想性格的一个方面，尽管是最突出的方面。其实，薛宝钗还有另外的一面，就是上文所说的老庄处世哲学。更准确地说，薛宝钗的思想亦儒亦道，阳为儒而阴为道。这首《咏白海棠》，就是最集中的体现。其中的"淡极始知花更艳，愁多焉得玉无痕"一联，实际上就是我们上文所讨论的"无情"的意思。

但问题是，"冷香丸"可以治疗生理的"热毒"，能疗治思想的"内热"么？也就是说，尽管薛宝钗"罕言寡语，人谓藏愚；安分随时，自云守拙"，但是她真的做到了如庄子所谓的"心斋""无情"么？答案显然是否定的。对此，人们讨论的已经很充分了。这里，且从本文所讨论的问题的视角，补充几点吧。

先从"罕言寡语"来说吧。薛宝钗的话，其实是很多的。

她巧妙地阿谀贾母；她对金钏儿的死因的令人吃惊的解释；甚至不无卖弄地表现自己的博学，谈戏曲，谈绘画，等等。贾宝玉讨厌她那一套"仕途经济""立身扬名"的话，好象她也不是只说过一次，而是"有时见机导劝"。如此，则既非"藏愚"，亦非"守拙"。

再说"是非""无情"吧。阿谀贾母，解释金钏儿的死因，当然不能说是"无情"、无"是非"。这在她的诗词中，表现得更为明显。她的《咏白海棠》，其中诚如脂批所谓亦有"讽刺时事"，"讽刺林、宝二人"之意。如果说《咏白海棠》中的"讽刺"还是微讽的话，那么，她的《食螃蟹咏》（按，书中没有标出题目，有的论著加题为"咏螃蟹""螃蟹咏"，并不准确）则是全失"温柔敦厚"之诗教。全诗如下：

桂霭桐阴坐举觞，长安涎口盼重阳。
眼前道路无经纬，皮里春秋空黑黄。
酒未敌腥还用菊，性防积冷定须姜。
于今落釜成何益，月浦空馀禾黍香。

书中说，"众人看毕，都说这是食螃蟹绝唱"，但还是认为"只是讽刺世人太毒了些"（第三十八回）。作者未下评语，只是转述书中人物的评论，这是作者惯用的表现手法，也正是作者藏机锋之处，值得我们仔细玩味。"讽刺世人"，最直接的"世人"当然还是"林、宝二人"，和《咏白海棠》一样。但是，一般却没有说出根据。其实，根据就在书中。第三十二回，薛宝钗曾对袭人这样说贾宝玉："他如今说话越发没了经纬。"

我认为，吟诗作词诸事，使薛宝钗的思想矛盾暴露得最明显。我们应当注意到，薛宝钗反复申说写诗作词不是"咱们女孩儿家"的"分内之事"，却一再参加大观园的创作活动，写了不少作品，并且艺术性都很高。第三十七回"蘅芜苑夜拟菊花题"，她对史湘云说："究竟这也算不得什么，还是纺绩针黹是你我的本分。"第四十二回，她训导林黛玉说："就连作诗写字等事，原不是你我分内之事，……你我只该做些针黹纺绩的事才是"。第四十九回，她嫌香菱学诗、史湘云论诗"实在聒噪的受不了"，又说起她那一套"本分"理论："一个女孩儿家，只管拿着作诗当正经事讲起来，叫有学问的人听了，反笑话说不守本分。"但是，每次诗社活动，她都没有拒绝参加、拒绝写作——只是，她没有发起并组织诗社，也没有林黛玉、贾宝玉、史湘云、甚至探春的创作热情，更没有林黛玉的那种炽热的创作冲动罢了。

因此，薛宝钗是矛盾的；思想与情感、言与行、表与里，都是冲突的。

原因是多方面的。不论。

附言：

李贺《长歌续短歌》诗中也用了"内热"这个著名的典故："秦王不可见，旦夕成内热。"此诗先言"秦王不可见"，抒发"不得于君则热中之意"，然后以"月为山峰所隔，则不得常近其光"为喻，言"君为左右所蔽，则不得亲沐其泽"。

我们知道，薛宝钗入京而滞留贾府，是因为有"待选"这件大事，此其一。贾元春"省亲"，薛宝钗亲逢其盛，表现得并不平静，此其二。

妙玉门前的那一片红梅

妙玉是大观园中的一个奇人。

关于这个人，论者已经说得很多了；留给我来"发现"的"新大陆"，已经很少了。这里，我只说两个问题，分属"书里"与"书外"。

先说"书里"的问题。

第四十九回，虽然标题云"琉璃世界白雪红梅"，其实书中的正面描写只有短短的一小段文字，还是以贾宝玉为叙述视角的："（宝玉）回头一看，恰是妙玉门前，拢翠庵中有十数株红梅如胭脂一般，映着雪色，分外显得精神，好不有趣！"这一片红梅引出下面一段生动的情节，恰恰衬托出妙玉的寂寞。更重要的是，这一片热烈盛开的红梅，其实是妙玉内心炽热的思想情感的象征。

本来，方外之人，无所谓寂寞与否，然而，妙玉的悲剧就在这里——身在佛门，自称"槛外人"，其实是六根未断，尘缘未了，根本未将红尘看破。因为，妙玉的出家，根本就不是自觉自愿的，不是经历和思想上的原因，而是由于"自小多病，买了许多替身儿皆不中用"，才"亲自入了空门"（第十八回）。既入佛门，就不能不遵守佛门的规矩，不能不云空戒色，于是，佛理就成了思想的镣铐、情感的枷锁，难免导致身心的分裂。对此，"判词"已有揭示："欲洁何曾洁，云空未必空。"一般都是根据后两句——"可怜金玉质，终陷淖泥中"——来解释这前两句的，其实，"何曾""未必"两词是互文，是说在"终陷淖泥中"这个悲剧结果发生之前，妙玉的思想情感就根本未"曾"真正"洁"过"空"过。所以，王昆仑在《红楼梦人物论》中，论妙玉时说："这个少年尼姑低眉打坐在蒲团上的时候，到底是'因色悟空，因空见道'呢？还是苦苦地与自己'人'的感觉搏斗呢？"

正因为如此，我们在书中看到妙玉未能绝俗无情的行为。比如她珍藏晋代豪门富室王恺的茶杯，比如她对贾宝玉的情感，等等，均为"何曾洁""未必空"的实例。这反倒写出了一个生动而深刻的艺术形象，也反映了作者对"存天理，灭人欲"思想的否定。

那一片红梅引得人们诗兴大发，让贾宝玉"访妙玉乞红梅"，并限他以此为题作诗一首。贾宝玉诗中的第三、四两句，令人奇怪："不求大士瓶中露，为乞嫦娥槛外梅。""大士"，即观音大士。"槛外"，巧用妙玉的自称"槛外人"。但是，"嫦娥"是仙人，不是佛门中人，用来比喻妙玉，应当说是不恰当的。曹雪芹显然不会犯这种常识性的错误，肯定是有用意的。我们应当记得，第三十七回，史湘云《白海棠》诗第一首中有"自是霜娥偏爱冷"一句，这是由李商隐《霜月》诗中"青女素娥偏耐冷"而来，"霜娥"即"嫦娥"。此外，《红楼梦》中的诗文，还有几处用"嫦娥"这个典故的。因此，我推想，贾宝玉这首《访妙玉乞红梅》诗中的"嫦娥"，可能是暗用了李商隐的那首著名的《嫦娥》的诗意。李商隐的这首诗云："嫦娥应悔偷灵药，碧海青天夜夜心。""夜夜心"，指的是儿女之情。也就是说，曹雪芹故意错用"嫦娥"典故来比喻妙玉，目的就是提醒我们注意其中的深意。

还有一件事，值得我们注意。让贾宝玉"访妙玉乞红梅"的，是李纨。她说："我才看见拢翠庵的红梅有趣，我要折一枝来插瓶。"我们记得，第四回介绍李纨的那一段文字中说："这李纨虽青春丧偶，且居于膏粱锦绣之中，竟如槁木死灰一般，一概无闻无见。"竟然能让这样一个"一概无闻无见"的李纨怦然心动，妙玉门前的那是怎样的一片红梅！

——"如胭脂一般"！不是女性青春的象征，又是什么呢？

奇妙的是，由妙玉门前的红梅引出一大段故事，妙玉的名字不时出现，可是人一直没有正面出现过。我以为，没有出场的妙玉才是这一大段故事的真正主角。——这也就是张爱玲所谓的"参差的写法"吧。顺便说一句，张爱玲第一篇小说《沉香屑 第一炉香》开头的那段对杜鹃花的描写，恐怕就是从《红楼梦》的这个地方，受到的启发吧？

附:

"判词"中的"欲洁何曾洁，云空未必空"，可能是从王维《夏日过青龙寺谒操禅师》的"欲问义心义，遥知空病空"两句而来的。"空病空"，赵殿成注："《维摩洁经》：'得是平等，无有余病，唯有空病，空病亦空。'鸠摩罗什注：上明无我无法，而未遣空；未遣空，则空为累，累则是病，故明空病亦空也。"（《王右丞集笺注》卷之七）

袭人的名与实

最早注意"袭人"这个名字的，是贾政。

曹雪芹故意虚晃一招，说是贾宝玉起的。

这个名字确实如贾政所云："这样刁钻。"贾宝玉这回在他父亲面前倒是反应敏捷，与平日大不一样，顺口说出名字的出处，并且是冠冕堂皇。我推想，贾宝玉大概是料到有这么一天，早有准备，否则，以他往日在父亲面前犹如老鼠见着猫吓得大气都不敢出的样儿，还敢拿陆放翁的诗句来抵挡"他老子"（贾母语）？

这个名字的来历，据宝玉的说法，出自陆游《村居书喜》"花气袭人知昼暖，鹊声穿树喜新晴"两句诗。其实，通行的版本中，"昼暖"均作"骤暖"。别有所据，还是一时心慌？不得而知。一般都相信了宝玉的这个说法，不过，按照《红楼梦》惯常的文本特征，恐怕问题未必如此简单。我以为，宝玉的说法是一回事，作者的命意则又是一回事；真正的出典，恐怕是唐代诗人卢照邻《长安古意》的最后两句——"独有南山桂花发，飞来飞去袭人裾"。

先从这首诗的思想主题来说。诗的前面绝大部分是写长安的豪贵骄奢、狭邪艳冶，最后突然一转，以这样几句结束："节物风光不相待，桑田碧海须臾改。昔时金阶白玉堂，即今唯见青松在。寂寂寥寥扬子居，年年岁岁一床书。独有南山桂花发，飞来飞去袭人裾。"所以，沈德潜《唐诗别裁集》云："长安大道，豪贵骄奢，狭邪艳冶，无所不有，自嬖宠而侠客，而金吾，而权臣，皆向娼家游宿，自谓可永保富贵矣，然转瞬沧桑，徒存墟墓，不如自守者之为得也，借言子云聊以自况云尔。"从某种意义上说，《红楼梦》不是也包含着这样的思想内容么？并且，这首诗不是很容易让我们想到《好了歌》么？如果进一步抉微发隐的话，我们甚至可以说，这首诗的最后四句，似乎暗合曹雪芹设想的宝玉和袭人的关系：袭人虽然嫁了"优伶"，却依然难断旧情，故而时常接济"贫穷难耐凄凉"的宝玉。

当然，小说中还可以找到许多"内证"。首先是"判词"，"空云似桂如兰"，这个"桂"字，自然切合卢照邻诗中的"桂花"二字。"兰"字似乎没有着落，不过这里用的是"似"字、"如"字，举例而已，不是确指。其次是第三回云："袭人倒有些痴处：服侍贾母时，心中只有贾母；如今跟了宝玉，心中又只有宝玉了。"这似乎就是"飞来飞去袭人裾"的意思了。还有一些证据，限于篇幅，就不一一列举了。

《红楼梦》中的人名，大都有来历、有命意，关乎人物的性格与命运。贾宝玉的说法，仅仅只能解释"来历"，却不能说明袭人的性格与命运，因为陆游的那两句诗，乃至那首诗，都与袭人这个人风马牛不相及，因而我认为是曹雪芹故意设置的一个幌子而已。不过，早有人注意到这个秘密。有一位批注者根据袭人的性格分析说："偃旗息鼓，攻人不意者，曰'袭'。"另外一种说法是："袭人者龙衣人也"，指包着那块宝玉的包袱。这些说法，也不是没有道理。

因此，我的上述说法，也仅仅是一种说法而已。

第五回的叙述话语

《红楼梦》第五回叙述的是贾宝玉梦游太虚幻境的故事。这一回的回目云："游幻境指迷十二钗 饮仙醪曲演红楼梦"。回目中暗含了"游仙"二字，这实际上是提示我们这一回故事的性质。这一点似未引人注意。其实，由此可以发现《红楼梦》的文本上的一个重要特征。

"游仙"，有两种意思：一是脱离尘俗，游心仙境，如晋人何劭、郭璞等人的《游仙诗》所写。二是游历世外，经历艳遇；这是后起的一种意思盛行于唐代曹唐的《游仙诗》《小游仙诗》，李商隐的某些诗篇，小说中的著名的《游仙窟》，等等，都是描写这个题材的作品。《红楼梦》第五回叙述的这个故事和回目中暗含的"游仙"二字，就是上述第二种意义上的"游仙"。

从故事类型和文本特征这两个方面来说，《红楼梦》这一回的写法显然是有来历的，也就是说，上述历史上的第二类作品就是这一回的"潜文本"。因为，小说是有一定的艺术惯例或艺术成规的，而不同的故事类型又是有一定的文本特征的。意识到这一点，我们显然就会对这一回小说的文本特征有新的理解。

但是，作者的目的显然不是为了写一个"游仙"的故事，不是像其他中国古典小说那样，在小说中随意穿插、添加一个迎合读者猎奇心理的并不必要的故事，因此这一回故事的思想性质，和上述历史上的第二类作品根本不同。这样，我们就可以进一步发现两者在故事情节和叙述重点上的不同。就是说，曹雪芹没有在"艳情"和"艳遇"这两点上大做文章，故事情节也不是在这两点上展开的。小说的这一回中，先是梦游进入仙境——"太虚幻境"，接着出现仙女——"警幻仙子"，"游仙"故事类型的几个要素都具备了；按照叙事惯例，再接着应当是情节的展开了。然而，接着叙述的是贾宝玉翻阅"金陵十二钗图册判词"和欣赏"红楼梦十二支曲"，这两个情节显然是偏离了"艳情"和"艳遇"，区别于"游仙"作品的那种叙述男女主人公"情事"的情节，因为"金陵十二钗图册判词"和"红楼梦十二支曲"的内容，显然无关乎男女主人公"情事"。再接着叙述的警幻仙子对贾宝玉的训诫，自然容易使我们想起"游仙"故事乃至传统的艳情小说的那种道德寓意的具体表现方式，但是，区别仍然很明显，因为警幻仙子的训诫显然不是那种简单意义上的道德寓意的劝戒，也不是由这一回叙述的故事而来的，属于这一回叙述的故事本身，而是由整部小说的主题决定的。因此，上文分析的结论是：虽然这一回的故事类型和文本特征是有上述来历的，但我们也由此看到作者的艺术创造才能，并且，这正是一个优秀作家的"传统与个人才能"（T．S．艾略特《传统与个人才能》）的体现。

俄国文学理论家巴赫金在《长篇小说的话语》说："在历史发展过程中，长篇小说体裁的各种变体，形成了引进和组织杂语的一些结构形式。"这就是说，在长篇小说的发展过程中，其叙述话语形式变得并非单一的了；比如"言情小说"，其中一定是在某一局部引进和组织了"武侠小说""历史小说"之类的叙述话语，乃至诗文，甚至历史著作叙述话语。当然，就具体的作品而言，其引进和组织肯定有优劣之分。所以，巴赫金接着又强调说："每一种这样的组织结构形式，都有着特定的修辞潜力，都要求用一定方式对纳入杂语的各种'语言'进行艺术加工。"巴赫金的这个观点，显然是很正确的。我们在上文的分析，目的就是为了说明《红楼梦》的这种叙述话语的特征，从而认识其文本的复杂性。我们已经充分认识到，《红楼梦》中大量诗文的意义，却没有从长篇小说的叙述话语的特征这个意义来加以认识，因而注意到上文分析的问题。其实，还不仅限于此。比如第四回"葫芦僧判断葫芦案"，不也是上述意义上的引进和组织暴露官场黑暗的"政治小说"的叙述话语么？

跋

收入本书的其实都是读书笔记。古今中外，长短不一，文体差异，可见兴趣驳杂，不守本业，且下笔随意，无意为文。承蒙约稿、催稿，才有了这些大都公开发表过的篇什，因此感谢刘绪源、朱自奋、谢泳、李淑芬、王小宁诸位先生、女士；最早是在上海的《文汇读书周报》上，屈指算来几近二十年矣！因为有的发表在杂志、集刊之上，必须加注释、分章节，否则有损刊物的学术性形象，难以免俗（谨按，"入乡随俗"之"俗"），因而最后几篇形式貌似论文，"话语"类乎八股，收入本书没有"改正"，是对刊物的尊重，亦作者本分也。

一位朋友一再告诫："笔记、书话之类学术小品，诚可以小见大而获文章清新之效，亦难免抓小放大、不及深入之弊，且以所谓学者人间情怀之发抒相诱，不免点染过甚、低徊不已，而流于雕虫小技、文章滥调，幸勿玩物丧志也！"此言极是。惟积习难改，秉性散淡，抄书已难，遑论乎论？略为收拾、得此一辑，确乎微薄至极，实在汗颜，奈何！

2014 年 5 月